JN065190

漱石の愛弟子が描く

満洲物語

――西村濤蔭伝――

西村 甲午

東京図書出版

写真１　西村濤蔭

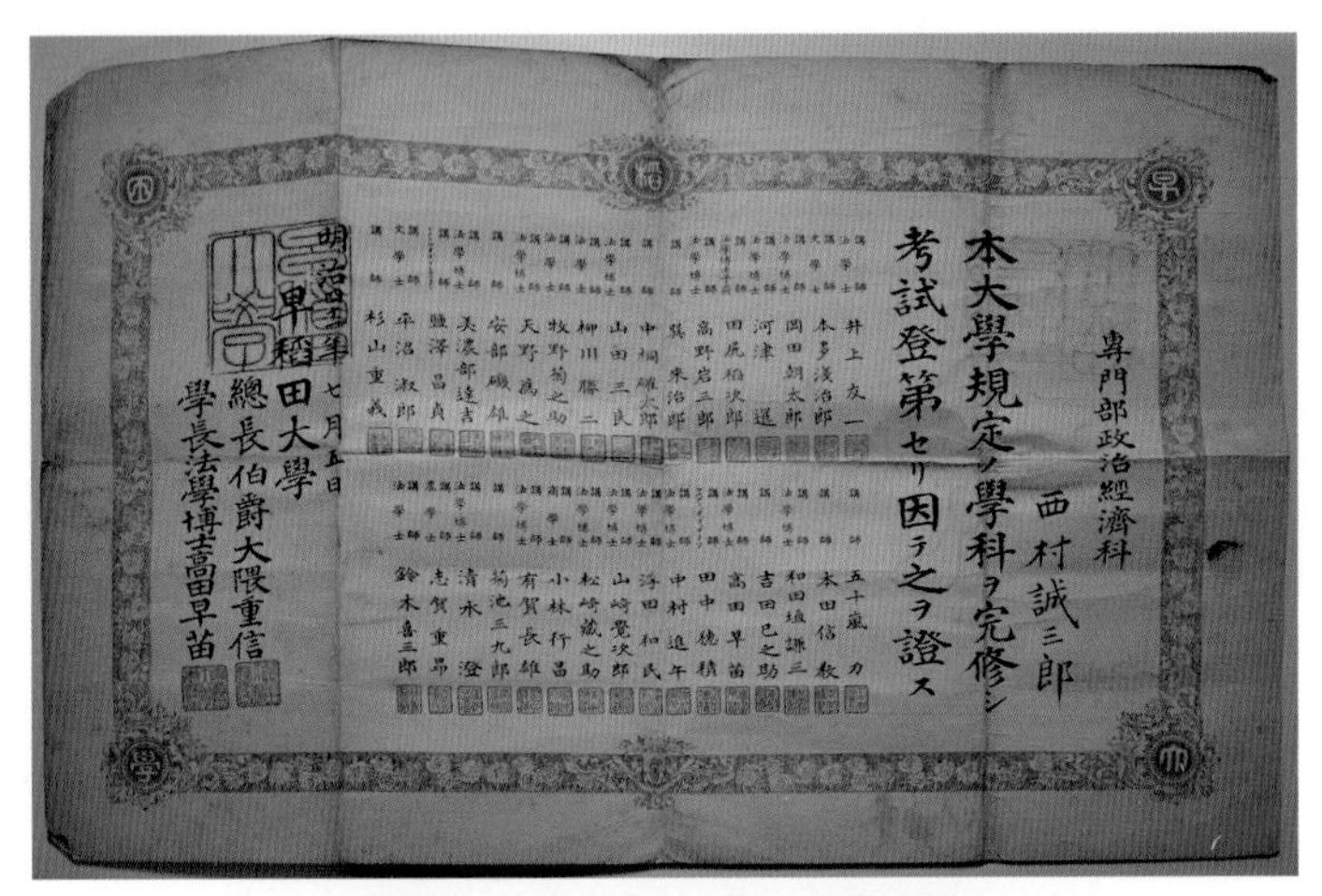
專門部政治經濟科

西村誠三郎

本大學規定ノ學科ヲ完修シ考試登第セリ因テ之ヲ證ス

井上友一
本多淺治郎
岡田朝太郎
河津暹
田尻稲次郎
高野岩三郎
巽來治郎
中桐確太郎
山田三良
柳川勝二
牧野菊之助
天野為之
安部磯雄
美濃部達吉
鹽澤昌貞
平沼淑郎
杉山重義

五十嵐力
本田信教
和田垣謙三
吉田巳之助
高田早苗
田中穂積
中村進午
浮田和民
山崎覺次郎
松崎藏之助
小林行昌
有賀長雄
菊池三九郎
清水澄
志賀重昂
鈴木喜三郎

明治[illegible]年七月五日

早稲田大學
總長伯爵大隈重信
學長法學博士高田早苗

写真２　早稲田大学の卒業証書

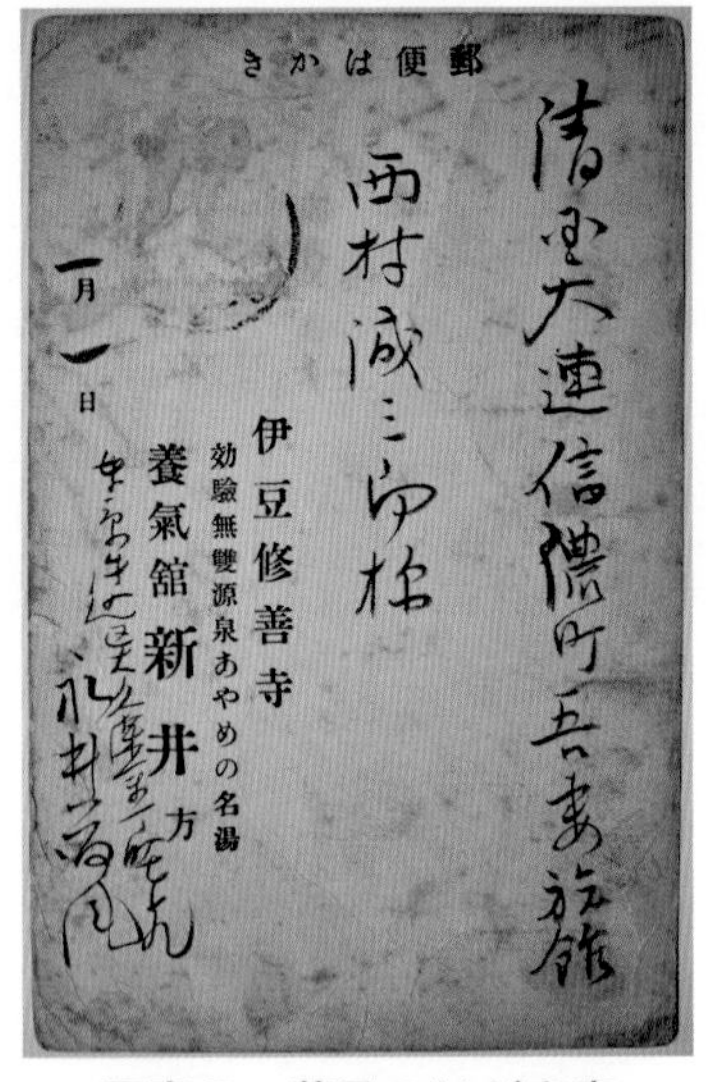

写真３　荷風のはがき表

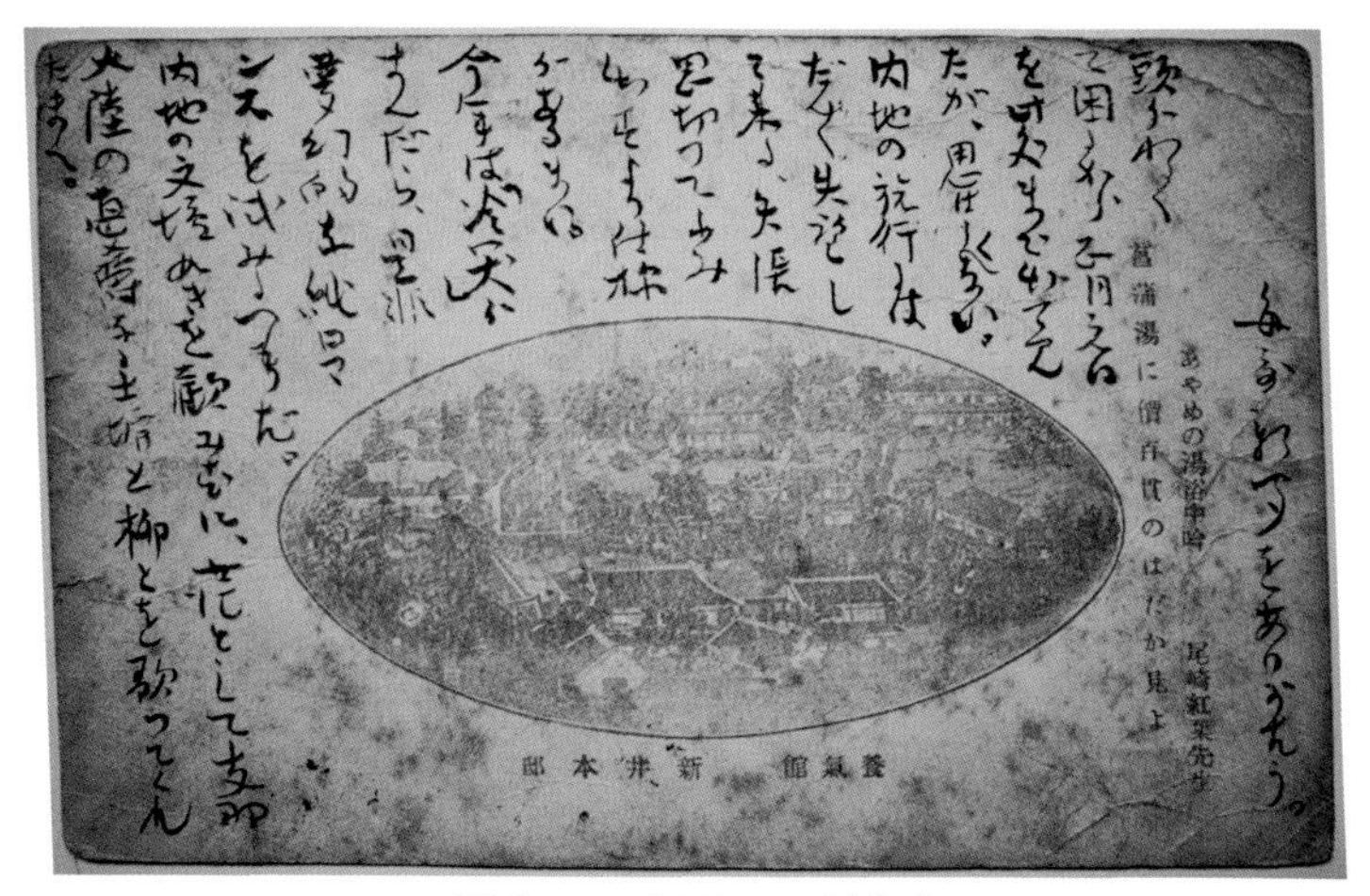

写真４　荷風のはがき裏

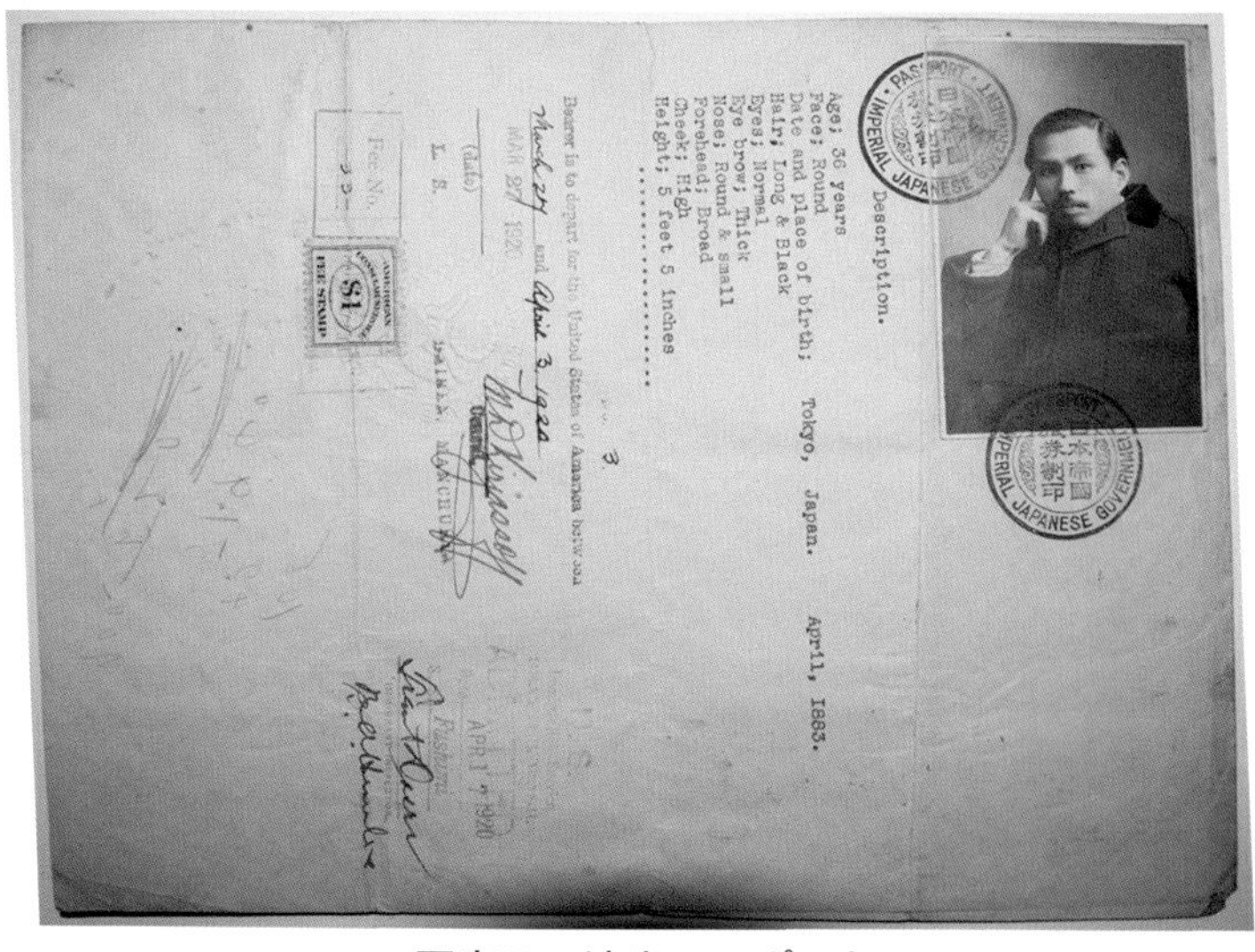

写真５　渡米パスポート

はじめに

「お前のおじいちゃんは西村濤蔭（とういん）（本名：誠三郎）といって、夏目漱石の弟子だった」

私は子供のころ父からそう聞かされていました。

漱石の弟子といっても祖父は、芥川龍之介や志賀直哉のように教科書に出てくるような人ではないので、私はむしろ祖父本人よりも、叔母の家に残っているという漱石に関する書簡や写真の方にお宝的な興味を持っていました。

私が生まれたとき祖父は既に亡くなっていましたので、多少認知症気味の祖母は、祖父の人物について私が聞いても、ただ貧乏で苦労した思い出ばかりを話していました。

それで私は、祖父はきっと売れない小説家だったのだろうと勝手に判断し、祖父の人生については、あまり興味を持ちませんでした。

平成13年に私の父が亡くなった時、遺品の中から昭和17年1月に出版された西村誠三郎の『満洲物語』（照林堂書店）という本と昭和41年3月発行の『漱石の思ひ出』（角川文庫）という文庫本が出てきました。

『漱石の思ひ出』は漱石の奥様、鏡子夫人の話を松岡譲氏が筆録したものですが、次の記述があるページに付箋がありました。

ちょうどそのころは「それから」が「朝日新聞」に出ていたころで、毎日それを書いておりましたが、たいがい二十回分ぐらい書きためては届けておりました。そうして出発前（引用者注：満韓旅行）にすっかり書き上げてまいりました。ちょうどそのころ西村濤蔭さんがお妹さんといっしょに家に厄介になっておられたころで、その原稿を届けるのが西村さんの役目です。松根東洋城さんがいらして西村さんをとらまえての話に、「三千代が代助によばれて何と返事をするだろう。どうも待たれてしかたがないが、君知ってるだろう。何と書いてある」となかなかの御執心ぶりです。「ええ、僕知っています。しかし先生はきわどいところをあっさり切りぬけるから食い足りない」「それが見たいな」松根さんは新聞に出るのが待ちきれないかのように、しきりに見たがっておられました。

父は父なりに祖父の事を調べたようですが、インターネットのない当時としては、これが、祖父が確かに漱石の書生であったことを確認できる貴重な文献だったようです。

一方、『満洲物語』はまさしく祖父が出版した我が家に残る唯一の本ですが、この序文で当時『東京日日新聞』（現『毎日新聞』）編集顧問の黒田乙吉氏は、次のように祖父を紹介しています。

西村濤蔭氏の満洲も古いものである。夏目漱石の愛弟子として知られた濤蔭氏と、私がはじめてハルピンで会ったのは、明治44年であったと思う。當時、氏は満洲日日新聞の記者で在満既に三、四年、風格もすっかり大陸の板についていた。

次に私は、大正五年の正月、大連で大連子供館の館長としての濤蔭氏に会った。その後、氏は渡米もしたが、私の承知しているかぎり、濤蔭氏の半生は満洲の生活、研究、紹介に送られている。

以上から、祖父が漱石の愛弟子であったことはそれなりに認知されていたことがうかがわれます。

その後、祖父は満洲日日新聞の記者であったり大連子供館の館長であったりと、単なる売れない小説家で終わった人生ではないことが分かってきました。

また、この『満洲物語』は、祖父が満洲宣伝協会長の肩書で執筆した、満洲を紹介する書籍であり、小説ではありませんでした。

この2冊の本以外に父が残した祖父に関する遺品は、永井荷風から祖父宛てに届いた1枚のはがきでした。

近現代史の学芸員をしている息子に見てもらうと、切手と共に消印が剝がれていて時期が特定できないので、資料的価値は低いのではないかということでした。

そうはいっても素人の私には、何といっても永井荷風の直筆のはがきですから大切に保管しています。

この時は、祖父と荷風の関係が漱石を通じてのものと勝手に判断していましたが、その後祖父の人生を詳しく調べていく中で、漱石とは別のところで二人は大きくかかわりあっていたことがわかりました。


父が亡くなりしばらくして今度は叔母が亡くなった時、従兄から連絡があり、叔母の遺品から祖父に関するものが多数見つかったとの知らせがありました。

従兄はこの中から祖父に関する資料をいくつか私に送ってくれました。

祖父の早稲田大学の卒業証書や渡米した当時のパスポート、日記、写真等です。

これらの資料は、この後、祖父の人生を調べるにあたってとても貴重な資料となりました。

しかし、この頃私は現役のサラリーマンで時間もなく、祖父の人生を探る調査にはまだ興味を持っていませんでした。

ところが60歳で38年間勤めた会社を定年退職し、第二の人生を模索していた63歳の時、祖父の資料を沢山送ってくれた従兄から連絡があり、黒川創という人の書いた『国境』（2013年10月、河出書房新社）という本を私に送ってくれました。

この『国境』の序文で黒川氏は、祖父の事を「怪しげな書生」としてあまり好ましい人物とは評価していませんが、かなり綿密な調査により祖父のことを調べておられました。

何よりも黒川氏は『国境』の中で、漱石の日記や書簡集を調べると祖父に関する記述が数多くあり、その足跡をたどることができるということを教えてくれました。

また、祖父が『満洲物語』以外にも多くの著述を残していることも教えてくれました。

しかし、私は孫として祖父の人生を「怪しげな人物」として片付けるには忍びなく、子孫しか知り得ない事実を組み合わせて、祖父の人生を自分なりに調べてみることにしました。

私のような平凡なサラリーマンは死んでしまうと墓石には名前が残りますが、子孫が絶えれば無縁仏として墓石も消滅し、その存在はこの世から完全に消えてしまいます。

祖父のように文筆で身をたてた者は、有名無名にかかわらず国会図書館にその存在がいつまでも残ることとなります。

実際に私はこの祖父の人生を調べるにあたり、多くの情報を国会図書館に保存された書籍・雑誌・新聞等から得ることによって、会った事のない祖父と活き活きとした会話をすることが出来ました。

だからこそ、私は私自身の力で祖父が何を思いどう生きたのか確かめたいという強い思いでこの調査を開始しました。

漱石の愛弟子が描く満洲物語❖目次

夏目漱石の弟子として

第1部

第１章　小説家を目指して

私はまず学芸員をしている息子にアドバイスをもらい、祖父についての年表を作ることから始めました。

年表といっても、祖父がいつ生まれていつ亡くなったのかも分からない状況からの調査開始です。

幸いに私の父が亡くなった時に相続人を調べるため司法書士の先生が取り寄せてくれた戸籍謄本は祖父のものでしたので、そこから多くの情報を得る事が出来ました。

祖父（西村誠三郎）は、明治16年４月７日に父：誠造、母：きみの長男として生まれました。父の誠造は浅草で下駄を商う商人と伝えられています。

時期不明ですが、祖父は長男であるにもかかわらず菊島家の養子となっています。

ところが明治37年12月、祖父21歳の時に養母と協議離縁し、西村家に復籍しています。

復籍したといっても、父誠造は明治34年10月に亡くなっており、既に次男が家督を継いでいました。

この次男の母親の欄は空白となっていますので、次男は婚外子ということになりますが、父誠造が亡くなった時に次男は未成年であったため後見人が立っています。

おそらくこの後見人が次男の実母と思われます。

祖父とは血縁のない人が家の実権をにぎっていますので、祖父がこの家に戻ることはなかったようです。

その後、明治44年11月に祖母コトと大連で結婚し、大連の地で三男一女を儲けています。

私の父は四男で大正11年4月に東京で生まれていますので、この時期には祖父たちが東京の品川に帰っていたことがわかります。

そして終戦目前の昭和20年5月25日に祖父は62年の生涯を閉じています。

祖父は、養子先から離縁され実家にも戻れず、貧苦のなかで大連に渡り家族を作り、また東京に戻り太平洋戦争の最中に亡くなるという波瀾万丈の人生を生きたことが読み取れます。

次に私は、この年表に祖父が書き残した書籍や雑誌・新聞への投稿記事などを付け合わせていく作業を行いました。

これらの書き残した文章を抽出する作業には、国会図書館のサーチ機能が大変役立ちました。

国会図書館は、資料のデジタル化がとても進んでいて、自宅にいてもパソコンで簡単に調査が出来ました。

まず「西村濤蔭」で検索してみると、明治40年4月から42年1月にかけて『ホトトギス』に

「佛様」「ごみ箱」「京の月」「職工」「顔」という短編小説を発表していました。『ホトトギス』以外にも明治41年12月には『家庭雑誌』という雑誌に「寂寞」という短編小説を発表しています。

大正3年12月には『何物かを語らん』という本を大連の文英堂書店から出版しています。大正14年10月には『新天地』という大連の雑誌に「雪斎先生の死」という文章を投稿しています。

ここでは、『ホトトギス』に多くの小説を発表していることが目立ちます。

『ホトトギス』は御存じの通り、正岡子規が生涯をかけて育て上げた俳句雑誌ですが、この祖父が投稿していた時期は、高浜虚子が継承していて小説も多数掲載しています。

夏目漱石は正岡子規とは友人であり、子規の弟分である高浜虚子とも古くから親交がありました。

漱石が初めて書いた小説『吾輩は猫である』も虚子の勧めで執筆し、『ホトトギス』に発表しました。

この「吾輩は猫である」が大変な評判となり漱石は一躍人気作家となり、『坊ちゃん』『野分』等数多くの作品を『ホトトギス』に発表しています。

次に「西村誠三郎」で検索してみると、昭和8年7月から昭和13年9月までの5年間に30回という頻度で、大日社の発行する雑誌『大日』に評論文を投稿しています。

昭和17年1月に『満洲物語』という本を東京神田の照林堂書店から出版しています。

これは我が家にも現物が残っています。

昭和に入ってからは小説を全く書くことなく、西村誠三郎の本名を使って評論家的な文章を多数発表していることがわかります。


私は念のため「濤蔭」で検索してみることにしました。

この事によって祖父の研究において大変重要な発見をすることとなりました。

濤蔭で検索すると3名の濤蔭がでてきます。

もちろん1人は西村濤蔭です。

次に菊島濤蔭という人が明治37年12月に『鎧袖録（がいしゅうろく）』という本を出版しています。

そして3人目は鳴海濤蔭という人が『少年世界』という少年雑誌に明治42年7月から明治44年1月にかけて探検小説を5編投稿しています。

私はこの菊島濤蔭という人は祖父ではないかと直感しました。

なぜならこの時期祖父は菊島家の養子でしたので、菊島濤蔭で出版するのは当然のことだからです。

幸いなことにこの『鎧袖録』は国会図書館の「デジタルコレクション」に公開されていたので、家にいながらパソコンで読むことが出来ました。

本文を読む前に巻末の著作兼発行者を確認すると菊島誠三郎となっていましたので、これは間違いなく祖父が自費出版した本であると確信しました。

この本は祖父が21歳の明治37年12月、まさに日露戦争も旅順２０３高地激戦の最中、補充兵として召集されることとなり、死を覚悟して残した渾身の一冊だったのです。

この『鎧袖録』では、「戦争の進歩と廃兵」という項目で（傍点、黒丸は省略）、

近世の戦争は、武器の改良が文明の進歩人智の発達するに従って日一日と精巧を極め、其結果兵に及ぼす損害は、実に激烈惨酷なり。（中略）

今や日露戦争は、開戦以来此に約一歳を経過し、遼陽、沙河、旅順を始めとし、黄海、蔚山等幾多の戦闘を為し、両軍の被りたる損害は非常のものにして、死傷者の数幾萬を以て数ふるは疑なし、実に此日露戦争は、現世界に於て最も激しくその破壊力を応用せられたるものにして其れと同時に、最善く医術及び衛生の適用せられたる最新の大戦争なれば、此結果として生じ来る廃兵の数は実に巨多なりと謂ざるべからず。

彼の一肢を失ひ、二肢を失ひ、一眼を盲し、二眼を盲し、若くは此等機能の用を失したるものその他之に準ずべき傷痍を受けたるものは実に巨多なるべし。

今我国に於ては是等廃兵を如何に待遇し居るやを見るに、実に遺憾なき能はず。

以下、祖父は廃兵に対する補償の実態を問題提起したうえで、廃兵に対する待遇法の制定、廃兵院の設立等を訴えています。

また「大和魂」という項目では、

本章は戦地に於ける軍人が、其親戚知友に寄せたる書の中より、特に其絶句をあつめたるものなり

として、14編の奮戦を知らせた手紙を紹介しています。

続いて「日露戦争に対する我国民の覚悟」という項目では、この戦争の行方に対し悲観的な意見を述べる人たちに対し、次のような冷静な分析で答えています。

然らば何故に彼れは斯かる杞憂を抱きしや、彼れは先づバルチック艦隊の来襲を憂ひたり、されど言はんバルチック艦隊は艦型同一ならざるのみならず、速力亦不同にして、況んや

幾多の老朽破残艦をも含むに於てをや、其実態に於ては決して表面と一致するものに非ず。又其航海とても三ケ月に渉る長途の海路を辿るに缺くべからざる石炭の供給は如何にすべき乎。（中略）
ましてや英吉利の漁船を、我水雷艇と間違えて所もあろうについ英国の鼻の先なる、日本とは貳分の壱半球も隔たったる北海の中央で堂々たる否な戦々たる艦隊の腕前とは技量の程機関の底迄見透かされる。

としてバルチック艦隊の弱点を正確に分析しています。

バルチック艦隊は、最新鋭艦を多数持ちながら旧式艦を加えてしまっているため、速力が不揃いとなり艦隊の統一運動に支障をきたすこととなりました。燃料となる石炭の供給に苦労しながら3カ月に及ぶ航海をして来るバルチック艦隊に比して、快速艦を揃えて訓練充分な東郷艦隊が有利であるとの説を祖父は支持しています。

当時の知識人の間では一般的な見解であったのかも知れませんが、この文章を書いた5カ月後には、まさにこの祖父の予想通り日本海海戦で東郷艦隊がバルチック艦隊を壊滅させることとなりました。

また、バルチック艦隊が、日本の水雷艇が潜んでいるのではないかという恐怖心にかられ、こともあろうに北海でイギリスの漁船を攻撃してしまった事件が、しかもその命中度の低さまでも、日本で報じられていた様子がうかがわれて興味深く思いました。

また、満洲で行われている陸軍の戦闘については、ロシア政府の機関新聞の次のような論説を翻訳し、クロパトキン率いるロシア軍の現状を分析しています。

軍事評論家はクロパトキンの退却を評して成功したる秩序ある退却なりと評するも、余は軍事評論家に非ざれば、余より観れば退却は何処までも只退却たるに過ぎず。

されど此十数日間の苦戦と此失望的の勇戦と又泥濘悪路の此退軍とを観じ来れば、若し我軍にして日本軍と同数なりしならんには必ず勝利を得たるならんと察せらるる。

事実は露軍勝勢たりき、されど軍の行動の統一は甚だ必要なり。

余は我軍事通信者の言を敢て茲に復して言はん。

吾人の最も望む所は「迅速に軍隊を増遣する事と我司令官をして日本軍同様に総司令官たらしめ、軍の全権を有する者たらしめん事」是なり

此二条件にして成る能はずんば憤慨に堪えざる退却を転じて軍の終極の目的、即ち敵を撃破せんこと得て望む可からず。

これによりロシア軍内部の指揮命令系統の不統一、及びロシア軍による日本軍戦力の過大評

価の実態が浮き彫りとなっています。

この本のタイトル『鎧袖録』は、鎧袖一触という言葉からとっていると思われますが、「鎧の袖が軽く触れただけで敵が即座に倒れる」という意味で、祖父は出征にあたり「ロシア軍なにするものぞ」という心意気を文章に込めています。

私は、この『鎧袖録』は祖父のジャーナリストとしての資質の高さを証明する内容であると思っています。

この『鎧袖録』を執筆した時、祖父はまだ21歳の学生だったのです。

日露戦争は祖父の分析通り『鎧袖録』の発表された翌月、明治38年1月に旅順要塞司令官ステッセル中将が降伏、3月に日本軍の奉天占領、5月に日本海海戦でのバルチック艦隊消滅、6月にロシアの米国ルーズベルト大統領による講和勧告受諾と日本軍勝利へと一気に進みました。

このため祖父は、召集されたものの練兵場での訓練だけで戦地に行くことなく終戦を迎えることとなりました。

祖父は、この本を出版した直後の明治38年2月の『衛生新報』に「家庭雑感（上・下）」という評論文を載せていますが、著者名が「鎧袖録著者菊島濤蔭」となっているところを見ると『鎧袖録』はある程度話題になった作品と思われます。

なお、『鎧袖録』の巻末には「青梅旅行」という項目があり、青梅への旅を通じて出征前の心情を文学的に表現した内容になっています。

このことから祖父は、文学への興味もあわせて持っていた様子がうかがわれます。

祖父はこの時、早稲田大学専門部政治経済科に在籍していましたから、順当にいけば卒業後はジャーナリストへの道を進んでいたのではないかと思いますし、その方が安定した人生を送ることが出来たと思います。

ところが、まさにこのタイミングで夏目漱石の作品に出会い人生を大きく転換することとなりました。

『鎧袖録』を出版した翌月の明治38年1月から『ホトトギス』に夏目漱石の処女作「吾輩は猫である」が連載されました。

翌年の明治39年4月には『ホトトギス』に「坊ちゃん」が発表されます。

これらの作品は、当時の文学を志す青年に衝撃を与えたと言われています。

祖父もその後、明治40年4月以降多くの小説を『ホトトギス』に投稿していること、初めて書いた長編小説を漱石の家まで持ち込んだこと等から、漱石に師事して小説家を目指す道に突き進んでいくことを決心した様子がうかがわれます。

しかし、祖父はこの時、つまり明治37年12月には養母と協議離縁しており、その経済的基盤を失っていましたから、小説家への道は、まさに背水の陣ということになりました。

そこで私は、明治40年４月以降明治42年にかけて祖父が書いた小説を読んでみることにしました。

『鎧袖録』と異なり、これら雑誌に掲載された小説はデジタル化されていても家のパソコンでは閲覧できず、国会図書館へ閲覧に行く必要がありました。

この時も息子に同行してもらい国会図書館の利用の仕方を教えてもらいました。

国会図書館に入るには、ＩＤカードを受付で作ってもらう必要があります。

カバンなどは持ち込むことが出来ませんので、専用のロッカーに荷物を収め、筆記用具のみを持って入場します。

ＩＤカードをかざしてゲートを通過すると専用のパソコンが置いてある机が沢山あり、若い研究者や論文執筆中の学生なのか、多くの人がパソコンに向かっていました。

通常イメージする図書館とは全く異なる光景です。

私は、仕事でパソコンには慣れていたので、係の方の手を煩わさずに目的の資料を無事に印刷することができましたが、このシステムを理解せずに訪れた年配の方は、本人も係の方も大変苦労されていたようです。

祖父が最初に『ホトトギス』に発表した短編小説「佛様」は、読んでいくうちに祖父の戸籍の内容と連動していることに気付きました。

それは、21歳の時に養母と協議離縁した時の経緯を題材に、拝金主義者を痛烈に批判する内容になっていました。

この「佛様」の一年後に同じく『ホトトギス』に発表した短編小説「京の月」は、主人公が京都の旅宿で出会った美しい中居と少女との会話のなかで、2人の秘密が次第に明らかになっていくというストーリーです。

当時の京都の旅宿や街を丁寧に描いていて、ひっそりと静まり返る京の街に微かに聴こえる管弦の音や薄明かりが、時代の匂いも含めて感じられるような作品です。

私は、小説の良し悪しについてはよくわかりませんが、「京の月」は好きな作品です。

しかし、祖父の『鎧袖録』を書いたジャーナリストとしての資質と、小説家としての資質を比較すると、明らかにジャーナリストとしての資質に軍配が上がると私は思います。

第2章　漱石との出会い

私の祖父研究も年表の作成から祖父の書き残した作品の付け合わせと進み、いよいよ夏目漱石との関係を詳しく調べる段階に入ってきました。

ここで私は、『国境』の中で黒川創氏が祖父の事を調べた中心資料が、漱石の日記と書簡集であったことを参考に調査を進めることとしました。

そこで私は、漱石の日記と書簡集の中から祖父に関係する部分を抜き取り、祖父の年表に埋め込みながら、漱石の目から見た祖父を浮き彫りにすると同時に、祖父の書き残した作品や遺品をもとに、祖父の本音が理解できれば良いと考えました。

そうは言っても素人の私には、どうすれば漱石の日記や書簡集を読むことができるのか皆目見当がつきませんでした。

ところが、私の町の図書館が新装開館したのをきっかけに、その図書館に行ってみると『漱石全集』（岩波書店）が全巻揃って置いてあり、たまたま手に取った第20巻には日記が掲載されていました。

第21巻、第22巻と見ていくと第22巻には書簡集が掲載されていました。

私は第20巻と第22巻を借りて、漱石のおかげで祖父の活き活きとした生活を知ることができることに感謝しながら読み込みを開始しました。

祖父がその人生に多大な影響を受けた夏目漱石と初めて会った時のことは、漱石が高浜虚子に宛てた明治40年8月4日(日)の書簡に残されていました。

……以上はどうでもいい事ですが。是からが用になります。西村濤蔭と云ふ人が糸桜と云ふ長編小説を持って来てホトトギスへ出したいから八月十日頃迄に読んでくれと云ひました所が心よく受合った事は受合ったが、例の虞美人草の為めによむひまがない。そこで濤蔭先生へ其旨を云ふてやって虚子へ送るか、又は虚子が帰る迄預って置くかと聞き合わせてゐます。然し君の方の御都合もある事だらうから此事実丈を一寸御通知して置きます。

この時、祖父は24歳で早稲田大学専門部政治経済科在学中、夏目漱石40歳、高浜虚子33歳でした。

高浜虚子は、正岡子規に後継者と指名され子規亡き後、雑誌『ホトトギス』を主宰していましたが、この頃、松山に帰省しており祖父の書いた長編小説「糸桜」をどうするか漱石が相談しているところでした。

ところで、漱石はなぜ初対面の祖父にここまで親切に対応したのでしょうか。

通常では初対面の小説家志望者が原稿を持ち込んでも、そう簡単に会うことはないでしょう。

しかし、祖父は漱石を訪ねる以前の明治40年４月に短編小説「佛様」を、同年７月に写生文「ごみ箱」を『ホトトギス』に発表していました。

更に祖父が、明治37年12月に菊島濤蔭の名で『鎧袖録』を出版しているのは、前述の通りです。

このような経緯から漱石も祖父を物書きと認め、濤蔭先生として処遇していたと思われます。

さて、この「糸桜」の顛末ですが、先の書簡の翌日にあたる８月５日(月)に漱石が虚子にあてた書簡の書き出しに、

一昨日御話をした糸桜といふ小説はいそがぬから私に見てくれといひますからあなたへは送りません。


とあり祖父は虚子よりも漱石の評価を希望したことがわかります。

漱石は小説『虞美人草』をこの年の10月29日まで『東京朝日新聞』に連載していましたので、この「糸桜」を読むのはそれ以降と思われますが、その後この「糸桜」は、日記からも書簡か

らも姿を消しています。

この段階では、漱石の眼鏡には適わなかったようです。

後年に漱石は芥川龍之介や志賀直哉などのスターを発掘し引き立てていきますが、祖父の作品には最初から才能を見いだせなかったようです。

祖父としては、『ホトトギス』に連載された「吾輩は猫である」や「坊ちゃん」を読んで感動し、自らも小説家を目指したようであり、漱石の評価を求めたと思われます。


その後、祖父は、明治41年4月に短編小説「京の月」、同年12月に短編小説「職工」を『ホトトギス』に、同年12月に短編小説「寂寞」を『家庭雑誌』（12月号）に、明治42年1月に短編小説「顔」を『ホトトギス』にと短編小説を意欲的に発表しています。

なお、この間の明治41年に祖父は早稲田大学を卒業しています。


我が家にこの祖父の早稲田大学（専門部政治経済科）卒業証書が残されていますが、総長伯爵大隈重信、学長法学博士高田早苗の連名で証されており、証書中央には33名の講師全員の署名押印が記されています（巻頭の写真2参照）。

現代の卒業証書と比較すると極めて重厚で、大卒者の社会における役割の大きさを感じます。

祖父も大学で得た知識を社会に還元すべく、ペンで生きる人生を選んだように思われます。

この頃祖父は、通学に便の良い牛込区早稲田南町51番地に妹のお梅さんと住んでいました。早稲田大学の正門までは歩いて5分のところです。

ところが、祖父が本郷に住んでいる漱石を訪ねた翌月、つまり明治40年9月に漱石は一家をあげて早稲田南町7番地に引っ越してきました。

ここは漱石の生まれ故郷であり、漱石は亡くなるまでの9年間をここで過ごすことになります。

なんと祖父が住んでいる家とは道一本で２００～３００メートルの距離のところに漱石が引っ越してきたのです。

当時の地図を調べると、漱石の住居跡には現在、漱石山房記念館が建っています。そこから漱石山房通りを早稲田駅に向かって歩くと早稲田通りに出る手前に保育園がありますが、その辺りが祖父と妹のお梅さんが暮らしていたところになります。

漱石の日記はこの時期、断片やメモ程度のものしか残っていないため、祖父が漱石と出会った時の事やその後の関わり方については、明治42年3月まで詳しくわかりませんが、まだ金銭的に行き詰まっていない祖父は、他の木曜会のメンバー同様に足繁く漱石宅を訪問していたと思われます。

第3章　書生になるまで

そして迎える明治42年は、祖父にとってターニングポイントとなる年となります。漱石の日記は、脈絡のないメモや断片しか残っていない時期がところどころありますが、祖父が頻繁に登場する明治42年3月からは奇跡的にほぼ完璧に残されており、祖父の生きざまを漱石の目を通じて知ることができます。

これはあたかも、文豪夏目漱石に生前の祖父の様子を話してもらっているような感覚です。

祖父は「糸桜」の一件以来、早稲田南町の漱石の家を頻繁に訪問しています。

この時期の漱石の日記の中から祖父に関する記述を見ていきます。

明治42年3月5日㈮

濤蔭が書斎で何かしてゐると思ったら、知らぬうちに水彩画の船と海を額へ入れて行った。是は模写であるが、色が面白く出来てゐる。気持のいい画である。

とありますが、絵に関しては自らも描き相当な眼力のある漱石に、無断で絵を贈る祖父とは個性的な人物であったと思われます。

また、明治40年8月に祖父がはじめて漱石を訪ねてから1年半、近所に引っ越してきた漱石を頻繁に訪ね、信頼関係はかなり出来上がっていたと推測されます。

3月16日㈫
西村濤蔭来る。
3月18日㈭
夜　西村濤蔭、小宮豊隆、高浜虚子、松根東洋城来る。寺田の送別会ニツキ相談アリ。謡会を催すとの由。

3月18日は木曜会の日であり、日記にある4名が集まったようです。木曜会は漱石を師と仰ぐ人たちが毎日訪ねてきては漱石の執筆活動に差し支えるということで、小宮豊隆や鈴木三重吉等、漱石の東大講師時代の教え子が訪問日を木曜に決めたことから始まったようです。

松根東洋城は漱石の松山での中学教師時代の教え子で、一高から東大に入学、転じて京大を卒業し宮内省の役人となりましたが、漱石から俳句の指導を受け終生師と仰ぎました。

寺田寅彦は、漱石が熊本五高教師時代の教え子で、後に東大理科に入学した時、講師をしていた漱石と再会しています。

寺田寅彦はこの後、有名な物理学者で随筆家となりますが、文学の師が漱石というわけです。この日は、寺田がドイツに留学することとなったので、その送別会の打ち合わせを行っています。

このように木曜会のメンバーはもともと東京帝国大学の出身者が中心であり、早稲田大学の学生であった祖父はかなり異質な存在だったと推察されます。

この時も送別会の打ち合わせでは一人蚊帳の外だったと思われます。

3月21日(日)
濤蔭来る。
3月24日(水)
曇。九時頃虚子来る。十一時頃星が岡茶寮に行く。寅彦送別会。雨気歇んで風甚し。宝生新来る。大原御幸。雲雀山。を謡ふ。
虚子、碧梧桐と千寿、俊寛を謡ふ。夜腹中違和。苦しき為め屡ば目を醒す。半夜妻に懐炉を作ってもらふ。その為寐る事を得たり。
夜西村濤蔭チューリップ一朶を送り来る。

3月24日は、寺田寅彦の送別会が賑やかに行われましたが、祖父は出席していないようです。祖父は、この時点で既に金銭的に窮迫しており送別会に参加できなかったのか、謡会に参加する素養がなかったのか、東大関係者を中心とした会であることから遠慮したのかは不明ですが、祖父がその日の夜にチューリップを一枝持って来た姿は、なんとも悲しい風情があります。漱石も日記の最後にこの姿を書き留めているところを見ると、少し気にかけていたように思われます。

3月28日(日)
月末にて濤蔭困るだらうと思ひ「三四郎」の校正料として又十円を贈る。手紙のなかへ封じてやる。

『三四郎』の初版本の校正を祖父が担当していますが、金銭的に窮乏している祖父を助ける為に漱石は、この校正を祖父に依頼しています。
このあたりの顛末は、3月1日に漱石が出版社の春陽堂に宛てたはがきにあります。

啓「三四郎」原稿校正は小宮氏に依頼の処都合により牛込区早稲田南町五十一西村誠三郎氏に依頼変え致し候につき校正は同氏方へ御廻送願上候　以上

三月一日

祖父の窮状を見かねた漱石が『三四郎』の校正を小宮豊隆から祖父に変更していることがわかります。

漱石の優しさが伝わる出来事ですが、従来、漱石作品の校正は漱石が東大講師時代の教え子たちが担当していましたので、小宮豊隆や他の教え子たちは、内心快くは思っていなかったかと推測されます。

4月1日(木)
夜臼川、東洋城、濤蔭、豊隆来る。豊隆、東洋城一泊
4月4日(日)
濤蔭来る。二人で文学評論を郵便局へ持って行く。
4月9日(金)
西村濤蔭来る。
4月19日(月)
西村濤蔭文学評論を再読して誤植表を作ってくれる。総じて百余。
尤も正さなくてもよきものあり。

4月23日㈮
昨日の来客、物集の御嬢さん。飯田青涼。西村濤蔭。小宮豊隆。高浜虚子。
4月29日㈭
岡田耕三、吉松武通、水上斉、東洋城、濤蔭、豊隆来訪。
5月6日㈭
濤蔭又金に困るといつて借りに来る。十円貸す。本を売って十円になつたといふ。質を入れるかと聞いたら、もう五十円程入ってゐるといふ。
5月11日㈫
大掃除。濤蔭手伝に来てくれる。
夜　濤蔭の生立ちから今日迄の経歴を聞く。

5月11日に、祖父が漱石に語った「生立ちから今日迄の経歴」については、祖父が『ホトトギス』に初めて発表した短編小説「佛様」の次の部分に詳しく語られています。文中の佛は養母、紺絣は祖父、櫛巻は妹のお梅さん、禿は養母の元の夫と読み替えると、祖父が養家を出ることとなる顛末がよく分かります。

佛（養母）の両親といふのは非常な金持主義で、其死ぬ時には可成な財産を佛に残したのだ。隋て佛は何一つ不自由なく、矢張金持の奥様奥様で暮らして居たのだ。若い時に一度嫁に行って、何故だか直き戻って来て、夫れ限り二度とは嫁には行かなかったので、長い間寡婦暮らしをして居た。

其処へ旨く取入ったのが禿（元の夫）で、何う云ふ理由だか前の様な間柄になったのだ。禿は無論佛の財産を横領するのが唯一の目的で、種々なる手段を廻して其策を講じたのだ。すると悪運強いといふのか、やがて一通は其目的を達したので、心祝に祝って旦那気取って居たのだ。

處が佛に一人の兄がある。其兄と云ふのは紺絣（祖父）の爺父だったが、此事を嗅付けて禿と大喧嘩を行ったので、原来臆病な禿はこんな悪計を計企するにも似ず、吃驚して一も二もなく横領したものを、下平な蛇が蛙を吐出した様に吐出して手を引いた。其後は遠くで指をくわへて欲しいな欲しいなと見ながら、表面は全く関係のないものの様な顔をして居たのだ。

紺絣（祖父）は此時以来佛の養子になって佛の字を嗣ぐ身分となった。するとと戦争がはじまったので紺絣は兵隊に出て行く、紺絣の留守に紺絣の爺父は脳病で死んだ。さあ恐いものが一人も居なくなったので、禿は大喜び鬼の居ない中にと早速佛を説け付けて紺絣を追出す工夫をしたのだ。砲弾にでも当たって戦死でもすれば善いなと祈って居たのだ。然し紺絣は戦地には行かなかったので砲弾の方は当が外れた。紺絣は兵隊から帰って来て見ると、佛の様子がまるで変って居るばかしか、禿が時々家に出入するので不思議に思った。其処で深く注意をして見ると自分を追出す計画を施して居るということが知れた。愈々相とことが分明れば何にも居たくはないと、紺絣のことだから嫌なものを無理にとは望まぬので直に追出されてしまって、酒店の路地の櫛巻（お梅さん）の所へ厄介になって居る譯だ。

祖父の戸籍謄本や従軍の記録と一致することから、少なくとも祖父は自分が菊島家を離縁された理由はこの小説に書かれた顚末であると理解していたと思われます。

また、そのように漱石にも話したと思われます。

養母の財産を目当てに復縁を迫る元夫に対して、養母の兄である祖父の父は、祖父を養子にすることで、その財産を守ろうとしました。

しかし、祖父の父が亡くなり祖父が日露戦争の補充兵として召集されると、元夫はその間隙をぬって養家に入り込んでしまいました。

居場所のなくなった祖父は、ある程度の土地を分与され離縁したようです。

一方、祖父は西村家に復籍したといっても既に次男が家督を継いでおり、資金援助も受けられない事情がありました。

小説「佛様」でもあったように、祖父が菊島家の養子であった時に父誠造が亡くなり、家督は次男に既に継がれていました。

祖父と妹のお梅さんは、この次男とは母親が違っており、次男が家督を継いだ時点で未成年であったため次男の実母が後見人として西村家に入り込み、実家にいられなくなった妹のお梅さんは、早稲田の祖父の借家にきて共に暮らしていたようです。

ところが、商才のない祖父は分与された土地を現金に換える際安く買いたたかれ、大学を卒業するころまでに使い果たしてしまったようです。

祖父は、こんなことがなければ養家の資産で一生好きな小説を書きながら気ままに暮らしていたはずでした。

漱石も幼いころ養子に出され、養家の事情により夏目家に復籍した経験があり、祖父の語るこのような事情は心に響くものがあったのではないでしょうか。

祖父は、この「佛様」という小説の中で自らの体験をもとに物語を展開させ、人生の価値を全て金銭に置き換え、お金を愛して生きる人々を痛烈に批判し、知識、教養の大切さを訴えています。

実家の財産は結果的に弟の実母に乗っ取られ、養家は養母の元夫に奪われた経験から、財産の持つ恐ろしさ、金銭をめぐる人間の醜さを見続けてきた祖父は、生涯にわたりお金には縁のない人生を貫きました。

祖母が祖父の思い出を話す時、いつも貧乏で苦労した話しかしないのはこのためです。

私の父も蓄財ということにはまったく興味がないらしく、〝宵越しの金は持たない〟的な生き方を理想としていました。

これは、祖父の影響が大きかったのだろうと思われます。


さて、祖父の漱石訪問はさらに続きます。

５月12日㈬
濤蔭また窓硝子を拭に来てくれる。
５月13日㈭
臼川、濤蔭来。
５月17日㈪
「三四郎」出づ。検印二千部、書肆即日売切の広告を出す。
濤蔭が来て表紙がよく出来てゐなかった由を話す。濤蔭は町で見て来たのなり。（以上昨夜の話）
５月20日㈭

濤蔭文学上の談話をなす。濤蔭学力未熟にて人のいふ事も自分の云ふ事もよく分らず。段々悟るべきなり。濤蔭衣食の途に窮していよいよ没落せば書生に置いてくれといふ。妹は浅草へあづけるといふ。其浅草の事情をきくと妹は到底辛抱が出来る所にあらず。困った事なり。

この日は木曜会で祖父が文学について思うところを語ったようですが、未熟な文学論を論じたようで漱石は、徐々に学んでいけばよいと思ったようです。

祖父は早稲田大学で政治経済を学んでいて、文学の基礎知識は学んでおらずほとんど独学で小説を書いていました。

木曜会の他のメンバーは、東大や高等学校・中学で漱石に文学について学んでいる秀才がほとんどで、祖父にとっては厳しい状況といえます。

しかし、祖父はこのような時でも持論を信じて主張し続ける傾向があり、生涯その姿勢は変えませんでした。

私は、祖父と漱石の関係を調べるにあたって、全く予備知識がない状態でしたので、早稲田大学のエクステンションセンターが行っているオープンカレッジに参加することにしました。

色々な講座を受講しましたが、その中に「漱石文学の世界」というタイトルで漱石と8人の弟子との関係を8回コースで紹介する講座がありました。

この講座で、漱石が芥川龍之介の『鼻』を激賞し、それを契機に芥川は文壇のスターとなったことを知りました。

漱石はその才能を認めた若手作家には、自分がプロデュースしている『東京朝日新聞』に小説を連載させることで引き立てていたそうです。

芥川も漱石から『東京朝日新聞』に連載する長編小説を書くように勧められたのですが、あの芥川でさえ自分の書いた長編小説を漱石がどのように評価するか自信がなく書けなかったというお話を聞きました。

芥川龍之介は、生涯長編小説を書いていません。

また、志賀直哉も漱石から『東京朝日新聞』に載せる長編小説を書くよう勧められましたが自信が持てず、ようやく『暗夜行路』を書き上げたのは漱石の死後となってしまったそうです。

この話を聞くと芥川達とは時代が異なるとは言っても、祖父が漱石宅を訪ね「糸桜」をいきなり読んでもらうよう依頼するという行動は、かなり無鉄砲なことだったと思います。

さらに祖父は、漱石が近所に引っ越してきたとはいえ、そのまま頻繁に訪問を繰り返し、弟子となってしまうわけですから、かなりユニークな人だったと推察されます。

しかし、漱石も祖父の事は快く受け入れているようですので、それなりに人間的に魅力のある人であったと思われます。

5月26日㈬
晩に濤蔭来る。
5月27日㈭
夜虚子、豊隆、濤蔭来る。
5月30日
濤蔭来。愈　没落一日から家に置いてくれといふ。

いよいよ困窮した祖父は、妹のお梅さんとともに例の「早稲田の借家」も追い出されることとなり、6月1日から書生として漱石の所に置いてくれるよう頼みました。

祖父は、妹のお梅さんを西村の実家に預けると言いましたが、漱石は、西村家の事情を聴いており「到底辛抱が出来る所にあらず」として、祖父ばかりでなく妹のお梅さんも鏡子夫人のお手伝いとして漱石のお世話になることとなりました。

この薄幸なお梅さんは、漱石夫婦に大切にされ漱石の媒酌のもと幸せな結婚をすることとなります。

租借地大連での日々

第2部

第１章　大連へ

祖父が書生となってしばらくした明治42年６月27日の日記から漱石は、濤蔭から西村へと呼び方を変えています。

６月17日㈭
風葉の耽溺した所を濤蔭に教へてもらふ。
６月27日㈰
西村にエキザーサイサーを買って来て貰ふ。之を椽側の柱へぶら下げる。
７月４日㈰
西村を警察へやる。夕べの支那人は四人にて下女を前後より擁し自分等の聞く事を答へないとひどい目に逢はすと威嚇したる由。且つ其前に下宿をさせて呉れと云って来て、待ってゐる時に蝙蝠傘で御房さんの臀をつつきたる由。言語道断なり。
７月５日㈪
茨城県のものだと云って玄関に来た。昨日国を立って来た。其目的は書生に置いて貰ふつもりだと云って動かない。西村に応対さしたら、何でも一時間以上もゐたらしい。困ったと云って溜息をついて雨の中を帰って行ったさうである。

7月22日㈭

西村の買って来た蛍を軒端にかけて、眺める。

6月17日にある「風葉の耽溺した所」とは小栗風葉がこの頃発表した『耽溺』という小説のことから風葉が良く通った場所を祖父が漱石に教えたということだと思われます。

さて、書生となった祖父は雑役をこなしながら漱石の指導を受けていました。

この頃の祖父の様子を漱石夫人の鏡子さんが『漱石の思ひ出』の中で語っておられることは、この本の冒頭の私の父の遺品のくだりでお話ししました。

漱石は6月1日から『朝日新聞』に『それから』を書き始めましたが、その原稿を朝日新聞に届けるのが祖父の役目であったとのことです。

この後、祖父は漱石の紹介により日露戦争で租借権を勝ち取った大連に職を得ることになります。

大連での生活が祖父の後半生に非常に大きな影響を及ぼすことになりますので、どのような経緯で大連に渡ることになったのか慎重に調べることにしました。

この年の９月から10月にかけて漱石は南満洲鉄道総裁中村是公の招待により満韓地方を旅行しています。

９月13日㈪に満洲大連大和ホテルから奥様の鏡子さんに絵はがきを出しています。

御前も無事。小供も丈夫の事と思ふ。此方にも別状なし。毎日見物やら、人が来るのでほとんど落付いてゐられず。昨夕は講演をたのまれ今夜も演説をしなければならない。中村の御蔭で色々な便宜を得た。西村へよろしく。其他の人にも宜敷

漱石はこの旅行で南満洲鉄道総裁中村是公から、『満洲日日新聞』の文芸欄のプロデュースを頼まれます。

しかし、漱石は『朝日新聞』の文芸欄を任されており、直接『満洲日日新聞』の編集を行うことが難しく、祖父に白羽の矢が立つこととなりました。

祖父が『三四郎』の原稿校正を担当したり、文学評論を再読して誤植表を作ったりしたことがあり、漱石もこの編集を祖父に任せることで、祖父を自立させる気になったのかもしれません。

しかし、祖父が大連に行くこととなった理由は他にもあるようです。

この年の11月9日㈫漱石が中島六郎氏に宛てた書簡の中に次の一文があります。

西村はとうとう大連へ参り候在京中は色々御世話になりました。

中島氏とは、漱石の長女筆子さんのピアノ教師で、祖父とはなんのつながりも無いようなので不思議に思い事情を調べてみると、11月29日㈪に漱石が中島氏に送った書簡にその訳がありました。

拝啓文芸欄設立につき御援助を願ひ候処早速楽界の為に御奮ひ被下難有既にロイテル氏披露会の御評を賜はり又秋季演奏会の御評も頂戴深謝の至に不堪候
然る処先日のロイテル氏の分はあれでは文芸欄の五号批評としては一般の読者に通じがたきにつき森田に命じてあれをまとめて一篇の概括的批評文を作らしめ候、処が森田は音楽に対して零の智識を有し候事小生と同一につき遂に尊意を誤まり候箇所など相生じ候由実以て申訳なく恐縮致候。時間さへあれば一応御検閲を仰ぐ処なれど取いそぎ候為め事実大兄に対し失礼を敢てしたると同一の結果に陥り甚だ済まぬ事に相成候わるい気ではないのですからどうぞ御ゆるしありて、勇気沮喪を御禁じ下さって何卒御尽力を願上候
西村君の評は自分の義務と思って書いた事と存候。元来編輯会議では文芸欄を設けないで

も芸術文学の批評はやるのだからさう云ふ種類のものをまとめて小生の管理の下に該欄中に収めたらよかろうと云ふ相談故、強く抗議を申込めばやめさせる事も出来候へどもあれはただ雑報の筆がすべったもの位に見逃しても差支ないと存候是亦漸次改良の積故さう一時に御立腹なく完成の機迄御見届願上候
秋季演奏会の御批評は都合上或は六号にて全部掲載するやも計りがたく候につきあらかじめ御含み願上候猶訂正の箇所（もしあれば）時間の都合にて一応入貴覧る積なれど万一間に合はぬ時はすぐに出し可申間どうぞ御勘弁を願候其代り充分注意可致候

どうやら中島氏のロイテル評を森田草平と祖父が編集してしまい、特に祖父の評価は中島氏にとって相いれない内容であったためその逆鱗に触れてしまったようです。

中島氏は後年、漱石を批判し逆に漱石の逆鱗に触れてしまい出入り禁止となってしまったという話もありますが、喧嘩っ早い性格のようなので、この時も祖父に対する怒りは相当なものであったと思います。

漱石もしばらく祖父を大連に退避させる意味合いもあって満洲日日新聞に送り込んだのではないでしょうか。

もっとも祖父は、中島氏の怒りなど意に介さない性格なので、あまり気にしていなかったと推察されます。

ここで登場した森田草平については、とても興味深い人なので少し紹介します。
私が受講した早稲田大学のオープンカレッジ「漱石文学の世界」で森田草平についての授業では、平岡敏夫他編『夏目漱石事典』から次のように紹介されました。

森田草平（本名：米松）
明治14年3月19日～昭和24年12月14日　現岐阜市出身
第一高等学校卒業後東京帝国大学英文科入学
卒業後郷里にいた草平は漱石の『草枕』を読んで感動し、明治39年、田畑を売り払った金を資金に母と妻子を置いて上京する。
明治41年、平塚明子（らいてう）とともに塩原尾花峠の雪山に情死行を企てたが、死に場所を探すうちに発見された。
妻子ある文学士と女子大出の女性との間の恋愛事件として新聞はいっせいに報道、大スキャンダルになり、草平は社会的に葬り去られようとした。
漱石は、渦中にあった草平を自宅に引き取ったうえ、一連の体験を執筆するようはからった。
こうした経緯で書かれた『煤煙』は、漱石の『三四郎』の後に続いて、明治42年1月1日から5月16日まで『東京朝日新聞』に連載された。

草平としては、ともかくこの作品によって完全に社会復帰を果たし、同時に彼の出世作を得たことになる。

また平塚らいてうは明治44年９月に『青鞜』を創刊、近代フェミニズム運動の日本における先駆けとなった。
※あの有名な「元始、女性は太陽であった」を書いた人です。
これればかりでなく、漱石は『煤煙』の内容が事実と異なるとしてクレームをつけてきた平塚らいてうとの交渉を引き受けるなど、森田草平を全面的に支援しています。

それだけ、森田草平の才能を漱石が認めて愛していたということだと思います。

漱石の初期の弟子は、ほとんどが別に定職を持つか裕福な家庭にある等で、生活が安定している人々です。

祖父も資産を食いつぶすまでは、他の弟子と同様に生活は安定していました。

漱石の日記を読んでいると森田草平にお金を貸したとの記載が祖父と同様に登場します。

漱石は金銭管理のしっかりした人で、お金を貸したり与えたりすると金額までしっかりと日記に記載しています。

私は、初期の弟子の中で、金銭的に困窮していながらも小説家として身をたてようとしたのは、この森田草平と祖父西村濤蔭の2人だけであったと考えています。

本が売れるようになるまでは生活が成り立たないので、この2人については漱石が生活費補助をしていたというのが実態だと考えます。

森田草平はこの時期、『朝日新聞』文芸欄の編集を担当して漱石を助けていました。

祖父の大連行きの話は、漱石が祖父に『満洲日日新聞』文芸欄の編集を担当させることで、祖父の経済的基盤を確立させようとしたのではないでしょうか。


大連に行ってからの祖父については、漱石が祖父宛てに送った書簡があります。

祖父が大連に着いて間もない明治42年12月3日㈮に出されています。


拝啓着後御無事執務のよし結構に候。寒くてさぞ困る事だらうと思ふ。もう帰りたくなってゐる時分だらうと推察してゐる。いくや否や小説を書くのはえらい。其小説の話だが此間満鉄の山崎正秀といふ人が来て満日の小説は向後僕に周旋を托したいといふから引受けて森田に話すと、森田も書きたいがすぐの間に合はないので与謝野の妻君にかかせる事になった。処が妻君の子供が病気で、時間が逼ってゐたから山崎の方へは水上夕波のマダムボヴァリーを送った。二十余回程やってあとは今拵らえてゐる。山崎からはすぐ送るといふ返事が来た。然るに君の手紙によるとまだ其原稿が着いてゐない様だ。がさう云ふ訳だから君のあとはマダムボヴァリーを載せてくれ給へ。森田も書きたがってゐる。居所炊事凡て不便だと思ふが辛抱し玉へ。宅は相変らずだ。御梅さんも丈夫だ。　以上

張り切って大連に到着した祖父が、いきなり自分の小説の連載を始めたため、満鉄から漱石に苦情が入り、漱石がやんわりとストップをかけている様子がうかがえます。

祖父は着任早々の明治42年11月21日から同年12月14日まで『満洲日日新聞』の第一面に『虚』という小説を連載しています。

祖父としては、漱石が東京朝日新聞に入社した当初『虞美人草』を連載したように、自分も『虚』を連載したのです。

ところが、漱石から今後は自分が掲載する内容を決めると言われ、祖父の小説を自由に載せることが出来なくなりました。

祖父としては、甚だ不本意であったと思われます。

ここで私は、父の遺品のくだりでお話しした、永井荷風から祖父に送られたはがきに注目しました（巻頭の写真３、写真４参照）。

祖父と永井荷風の関係について調べあぐねていた私は、はがきに書かれた内容を精査することにより、手掛かりを求めようと考えました。

実際によく読んでみると重要な手掛かりをつかむことができました。

はがきは、「伊豆修善寺の養氣舘　新井」の絵はがきに次のような内容が記されています。


毎度新聞をありがたう。

頭がわるくて困るから正月元日を此処まで出て見たが、思はしくない。

内地の旅行にはだん〳〵失望して来る。矢張思切ってふみ出すより仕様があるまい。

今年は「冷笑」がすんだら、是非夢幻的な純ロマンスを試みるつもりだ。内地の文壇如きを顧みずに、花として支那大陸の憂欝なる詩情と柳とを歌ってくれたまへ。


はがきには残念ながら切手がはがれてしまっていて消印を確認できませんが、永井荷風が『冷笑』を漱石の依頼により『東京朝日新聞』に連載していたのは明治42年から43年のことなので、明治43年1月1日に伊豆修善寺の養氣舘から大連に居る祖父に送ったものと思われます。

書き出しのところに「毎度新聞をありがとう」と書いてあるのは、祖父がこのはがきを受け取る直前の明治42年11月から12月まで自ら連載した小説『虚』が掲載されている『満洲日日新聞』を荷風に送っていたものと思われます。

「今年は『冷笑』がすんだら、是非夢幻的な純ロマンスを試みるつもりだ」のくだりからは、祖父と荷風が文学についてよく語り合っていた様子がうかがわれます。

この時、祖父は26歳、永井荷風は30歳でした。

また、「内地の文壇如きを顧みずに……」というくだりからは、祖父が大連行きについて都落ちのような感覚を、荷風にだけは吐露していたのだろうと推察されます。

租借地大連は当時まだまだ文化的にも発展途上であり、『満洲日日新聞』の発行部数も『東京朝日新聞』とは比較にならないレベルでした。

内地の文壇を離れるということは、小説家として成功するという目標が遠のくことを意味していることを祖父もわかっていて、荷風には弱音を吐いていたと思われます。

これを受けて荷風は、「内地の文壇如きを顧みずに、花として支那大陸の憂欝なる詩情と柳とを歌ってくれたまへ」と激励しています。

私は当初「憂欝なる詩情」という言葉に抵抗を感じていましたが、やはり学芸員をしている長男の嫁が『日本国語大辞典』で調べたところ、「憂欝」には「気分が優れないさま」の他に「植物が生い茂るさま」という意味もあると教えてくれました。

いずれにしても居候として妹までお世話になっている祖父としては、漱石の依頼は断れなかったと思いますが、複雑な心境で大連に渡ったと察せられます。

漱石が永井荷風に宛てて明治42年11月20日(土)付で『東京朝日新聞』への執筆を依頼した書簡が残されていますが、次のような内容となっています。

拝啓御名前は度々御著作及西村などより承はり居り候処未だ拝顔の機を得ず遺憾の至に御座候
次今回は森田草平を通じて御無理御願申上候処早速御引受被下深謝の至に不堪候只今逗子地方にて御執筆のよし承知致候御完成の日を待ち拝顔の栄を楽み居候右不取敢御挨拶迄早々斯如御座候　以上

荷風はこの時期『あめりか物語』や『ふらんす物語』で世に出て、この『冷笑』の連載によって新進実力作家としての地位が固まったとされています。

この書簡の「拝啓御名前は度々御著作及西村などより承はり居り候……」の西村は、祖父のことと思われます。

祖父はどのような経緯で荷風との親交が始まったかはわかりませんが、大連に行く以前から荷風とは親交があり、祖父が荷風を漱石に推薦したことに間違いはなく、荷風が祖父に対して感謝の気持ちを持っていたことが推察されます。

それから漱石の日記や書簡からしばらく西村が姿を消していましたが、明治44年5月9日㈫の日記に久しぶりに登場します。

西村が手紙をよこして電気遊園に勤務してゐるが当分嘱托で月給三十五円だといふ。御梅さんの事をどうするとも云って来ない。此前の便には余に一二度妻にも一二度ただ宜敷頼むと云って来た丈である。

祖父は、満洲日日新聞の仕事を1年半余りで辞めてしまい、文学とは全く関係のない電気遊園に勤めています。

大連に電気が通ったのは明治40年、電気遊園が出来たのは明治42年で、当時、電化遊園地は極めて珍しいものだったようです。

漱石は祖父が大連で生活の基盤を確立したら、妹のお梅さんを大連に引き取るものと考えていたようですが、祖父はよろしく頼むと言ってきただけで一向にその気配がありません。

多少腹を立てているようですが、結局、お梅さんについては漱石夫妻のご尽力でお嫁に出していただくことになりました。

その顛末は、次の項でご紹介します。

第2章　妹お梅さんのこと

ここで祖父が大連へ行ってしまった後、漱石宅にお手伝いとして残された妹のお梅さんは、漱石と奥様の鏡子さんが親身になりお世話いただき、お嫁に出していただいています。嫁入りに際しては、漱石夫妻には色々とご苦労いただいたようで、漱石の日記にもかなりの字数がさかれています。

また、奥様の『漱石の思ひ出』にも詳しく語られています。

※日記は、読みやすくするため漢字・仮名遣いは、現代のものに書き換えています。

明治44年5月14日(日)漱石の日記

御梅さんを嫁にやるので妻が先方へ行って話をして来た。

はじめは親類へ周旋する筈だったのがその方が不縁になったものだから、今度は自分がもらうと言い出したのである。

ところが一年中に二つ嫁入りを出すと、嫁に悪い事があると妻が聞いたので御梅さんの里がなくなって仕舞った。兄は大連に居る。母は浅草に居るけれども、これは御梅さんと何等の関係もない。

あしたが日が良いので十時から一時の間に結納の取り替わせをするのだと言う。結納の字を書いてくれと言うが、何とかくやら分らない。この間御房の処へ贈って来たのはうろ覚えに覚えてはいるが殆んど様式を忘れてしまった。のみならず女からのは仮名で書くとか、男からのは本字でかくとか若しくはその反対であるとかでまるで分らない。うちで里になってくれと言うが前の訳で駄目になるとすれば或いは媒酌人位にはならなければならない。とすると紋付の着物位は着なければならない。

妻と三々九度の議論をした。女から飲んで男が受けて今度は女が納める。それを別々の盃で三度繰り返すのが法だと妻が言うから、そうじゃあるまい。一つ盃を男が呑んで、女が受けて、女が又呑んで男が受けて納める。その度に三度注ぐ真似をするから三三九度になる訳だと言った。

結納は台にのしを付けて、白髪を包んで、真中へ金を包む水引をかけた包を載せるのだそうだ。この金は男が三十円出すと、女が十五円という風に半分を返すのだそうだ。おれの時は三十五円出して三十円返して貰ったのだそうだがけちな事である。もっとも地方によると男が沢山出して女はいくらでも構わない所もあるそうだ。

御房さんのときは男の方は四円で女は二円であったその代り向うから指環が来たから此方は袴地を買ってやった。御房さんの結婚は兄さんが七八十円うちで百円程出した。縮緬の二枚、帯、簞笥、鏡台、用簞笥、夜具等である。夜具は蒲団二枚かけ蒲団と夜着で更紗の木綿で二十円程かかったという。

御梅さんのは、ときはさんに貸してある紋羽二重をやって、母に貸して六円の質に入れた帯を出してやって都合するのだという。それから西村が質に入れた着物を十五円程受け出してやって、簞笥は浅草へ行って見てもし西村が売り払っていなければそれを持って行くのだそうだ。鏡台はある。針箱は破れかかっているが繕えばよかろう。その外に夜具を一組作ってそれで間に合せる積りである。

明治44年5月15日(月)漱石の日記

昨夜御梅さんの結納を「方正」へ書かせられた。御房さんの書式があったからそれを引きうつしの様に真似た。ただ指環一個という所だけを抜かした。

目録

一　勝男武士　　壱台

一　子産婦　　〃

一　寿留女　　〃

一　志良賀　　〃

一　末広　　〃

右の通幾久敷御受納被下度候也
以上
ほうしょうという紙は墨を吸い込んでまるで書けない。字の坐りも悪い、恰形も変である。書法はまるで駄目、自分ながら厭になって、三四枚消をした。妻がそんなに反古にされちゃ困ると言い出した。やっと書いて「右の通り」の処にくると、「御受納」という字で一行一杯になって仕舞った。第二行目には「以上」の二字だけでなくちゃ不可ないか、はみ出しちゃ駄目かと聞くと妻も考えていたが多分駄目なんだろうと言う。仕方がないから又書き直した。そう崩さないで謹直に書いて呉れという注文を妻がする、といって顔真卿の様な楷書じゃ字が不揃いになって一劃一劃が思い思いの品をしてまるで締め括りのない字になる。仕方がないから略した様な本字の様な楷とも行とも草とも片付かないものを書いた。我ながら浅ましいと思って、内心はしょげていた。これでも先達は頼まれてヌメへ二三枚書いたのだがと思うと何だか人が違う様な気がした。妻はそれを受け取って機械的に細く折って（二枚重ねて）机の上へ置いた。

明治44年5月25日㈭漱石の日記
御梅さんの甲州にいる叔父さんが結婚費用として十円送って来たという。妻はそれを簞笥の方へ廻したと言っている。簞笥は三方桐で十円ないし七円大変安いのだという。人足は一人車で夜具と箪笥を積んで先方へ届ける事にした。向こうでは祝儀の都合があるから何人だか知らしてくれと言うから、そう決めて仕舞った。先方の御母さんが、申の日だが何うでしょうと言う。今迄いる宅を去るのだから丁度好いだろうと答へてとうとうそう決まったと言う。荷物は今夜出す筈である。櫛に中ざしは御房さんと同じ卵甲だけれども大変安い、兼安で買ったのは十円程であったが、今度のものは三円五十銭である、そうして見た所は同じである。平打の後ろざしは金蒔絵に青貝の蝶を出したものであった。

漱石夫妻がお梅さんのために結納やら嫁入り道具そして結婚式の準備まで親身になって手配している様子がうかがわれます。

日記に登場するお房さんというのは、鏡子夫人の親戚の方でお梅さんと一緒にお手伝いをしていましたが、お梅さんの少し前に漱石夫妻がお嫁に出しています。

漱石が結納を「方正」に書かされる場面では、「我ながら浅ましいと思って、内心はしょげていた」と文豪漱石の人間味溢れる姿が表れています。

お梅さんについても漱石夫妻に金銭的に迷惑をかけないよう、随分と気を使っているようであり、実直な人柄が感じられます。

一方、祖父はお梅さんの着物や箪笥まで質に入れてしまい、漱石夫妻に全てお任せとはひどいものです。

明治44年５月26日㈮漱石の日記

晩に簞笥へ唐草模様の袋をかけて、車に積んでそれに夜具一包と、用簞笥と、針箱と鏡台を添えて美添へ送る。車夫にはこっちからも向こうからも五十銭づつやるのだと言う。八時過に御梅さんが長々御厄介になりまして、この度は又一方ならぬ御心配を掛けましてと言って暇乞に来る。今夜は浅草へ行って一晩留ってあす美添へ落ち合うのである。方がわるいからだと言う。

明治44年５月27日㈯漱石の日記

夕方から御梅さんの媒酌人として御婿さんの所へ行く。西五軒町だから車で行けば大した道程ではない。ここだと言われて見ると表通りから細い通り否寧ろ路地に入る。車がかろうじて抜けられる処である。そこの二軒目の小さな門の所に「美添」という標札があった。つきあたりの格子戸を開けると、如何にも手狭でありそうに見える。沓脱に立って一人が自由に身を動かす事さえ出来ない。

美添さんはここに御母さんと、弟と妹と都合四人で住んでいる。それに御梅さんを加えると五人である。床を敷いたら寝る所もあるまいと思われる。玄関の右が茶の間と見えるが、これは二畳か三畳ですぐ台所につづいている。玄関の奥の座敷は六畳に過ぎない。その横に三畳があるが唐紙で見えない。余と妻と筆はそこへ座って御母さんに挨拶をした。御母さんは色の黒い五十四五の女であった。田舎者みたいな顔ではあるが、然し目鼻だちは整っている。その上言葉遣いは極めて上品である。

式は手狭だから裏でやるという。裏というのは今迄御父さんの在世中住んでいた家で今度人に譲り渡したものである。建仁寺の間を抜けるとすぐ小さな庭へ出る。余と妻は一寸式をやる所を拝見と云って、縁側からあがった。汚い古い家である。座敷が二つある。奥の方で式をやるので次の方に婿、その前の三畳の方に嫁を控えさせて、我々が両方の部屋から出て差し向かいに座らせて三々九度をやらせるのである。三畳は真っ暗であったが、御梅さんの持って来た唐草の模様の蔽をかけた簞笥が半分見えた。下には赤い毛布が敷いてあった。

次の間に銚子が二つ黒塗りの膳の上にのっていた。それに紙で折った雄蝶雌蝶を結いつける。妻はどっちが雄でどっちが雌だか分らないと言う。御母さんに聞くと私もこんなものを書いた本を仕舞いなくしたものだから、と言って、二つを並べて見て、たしかこの先の尖った方が雌かと思いますと言うので、そう決まった。余は手伝ってそれを銚子に結びつけた。その部屋には晩の御馳走の口取が並べてあった。海老の赤いのときんとんが目についた。

「おいおれはここへ座って、この縁側から、美添を連れて出て、向こう向きに並んで座るんだね」

「そうです美添さんと御梅さんが向き合う様に」

「合図をしなくちゃ何時出ていいか分らない」

「大丈夫です」

「そうして筆はどこから出るんだ」

「筆はこの襖をあけて、盃と御銚子を持って御夫婦の間へ出るんです」

筆は特にこの役の為に庸われたのである。

三人は又元の家へ帰った。そこで御婿さんに会って少し話をした。おもに図書館の話をした。（中略）

その内御嫁さんが見えたとかいうので妻が立って裏の例の暗い部屋に連れて行った。余も御婿さんと例の口取の並んでいる部屋で待っていなければならない。御婿さんは何処へ行ったか分らない、狭いうちだからすぐ分る筈だが、一向に影が見えない、独りでのその口取の所へ来ると、自転車の置いてある妙な所から出て来た。ここへ座るのだと教えて、又少し話をした。御梅さんは妻に髪か何か直してもらっていた。

もう宜しゅう御座いますと筆が言って来た。婿さんを連れて約束の通り縁側から座敷へ這入って四人が向かい合わせにすわる。筆が襖を開けて銚子を持って来るべきであるが、何時迄待っても静まり返っている。妻は仕方なしに及び腰をして襖の角をとんとんと叩いた。すると筆は襖を開けてにやにやと笑った。そうして教わった通り嫁の前へ三宝と銚子を置いて叮嚀に頭を下げた。それから盃へ酒を注いで、三々九度をやる度に都合九度御辞儀をした。一方の盃を済まして一方へ持って行く時に立つたびに、真中につりランプが下っていて、それが筆の頭にぶつかった。リボンが油でよごれる様な気がした。リボンは白茶の様な色であった。筆はその度にうす笑をした。
盃が済んで元の座敷へ帰って、夫婦の左右に余と妻がならんで向こう側に御母さんと弟と妹が並んで膳についた。親類の盃をする。妹は九歳位である。黒の紋付に袴をはいていた。弟は外国語学校の制服を着ていた。

なんと多くの字数を使いお梅さんの結婚式を事細かに記録していることでしょうか。親族だけの質素な結婚式ではありますが、漱石ご夫妻の心のこもった心遣いが感じられ、お梅さんも幸せだったと思います。
奥様の鏡子さんも『漱石の思ひ出』の中で、この結婚式を次のように語っておられます。

お房さんの方がともかく片づいてやれやれと思っていますと、すぐ追っかけて、もう一人手助けにいたお梅さんという、西村濤蔭さんの妹さんにまた結婚話が持ち上がり、これも難なくまとまって、また一切合財私が世話しなければならないことになりました。前のお房さんの時には、皆が妙に気が張って何かとそのつもりで世話もしたのですが、二つ重なったので、この後のほうはなんだかがっかりして身が入らないといったふうでした。がこれは東京で嫁入ることになって、私たち夫婦が仲人をしなければならない破目になりました。兄の西村さんはそのころ大連に行ってられるし、また私がなけなしの算段をして、これもどうやらお嫁さんのお仕着せを調えました。つまり親元兼仲人なのです。そこで何から何まで私たちがしてやらなければなりません。

結納の目録を書かなければならないというので、私が大奉書を夏目の前に持ちこみます。どう書くもんだといったわけで、それをどうやら書いてもらって先方へ届けます。それから式は先方の家であげるので、長女の筆子が十三でしたがお酌に頼まれ、何でもかんでも家っこでというのはいいが、さて私始め夏目などはなおさらのこと、こんなことには不調法ですので、ともかく老人に聞くにかぎるというので、私が母に大体教わってきて、それを夏目と筆子とに教えるわけなのです。ともかく口でいったばかりじゃいけない、一応稽古しておかなければならないと申すことで、夏目がお婿さんになりお嫁さんには誰がなったか忘れてしまいましたが、たぶんほんとうのお嫁さんだったでしょう。なんでも座敷に二人向かい合って坐っていると、筆子が銚子をもってきて、お辞儀をしては三三九度の盃をまわす稽古をしました。私がいわば舞台監督なのだから笑わせます。

さていよいよ当日となって式が始まります。先方の家が手狭なので宅とは勝手が違います。そこへお銚子に雄蝶と雌蝶とを結びつけなければならないのですが、どうも私たちの手ではうまく結いつけられません。そこであなた男ですからと夏目に頼みますと、こんどはどちらが雄蝶でどちらが雌蝶だかわからないという始末です。それをいいかげん当て推量で結ぶと、今度はあんまり強く引っぱり過ぎたものとみえて糸が切れてしまいました。

「あっ、切れた、切れた」

しまったと思ったものでしょう、夏目が頓狂な声を出します。場合が場合ですから、いやなことをいう、切れたの何のとははなはだおめでたくないことをいうので私が気にします。が夏目はそんなことには気がつきません。そのうちにいよいよ三三九度の盃という段になって、両方から向かい合って出て来て、いい塩梅にすわったのはいいけれども、今度はいくら待ってもお酌が出て来ません。間のぬけるったらありません。しかたがないので私が筆子の待ってる唐紙の腰をとんとんと叩くと、ようやくにこにこ出て来て盃をまわすといったぐあいで、気のもめるったらありません。一ぺんで仲人にはこりごりいたしましたが、このお嫁さんは折り合いよく行っていましたが、七年めかにきのどくなことにお産で亡くなってしまいました。

漱石ご夫妻に娘の筆子さんも加わり、一家総動員でお梅さんの為に御尽力いただいた様子がうかがわれます。

その後の顛末で漱石は、5月31日㈬の日記に次のように記しています。

明治44年５月31日㈬漱石の日記

十一時頃御梅さんの母（実は母でもなんでもない）が来る。斯んなに御厄介にならうとは思ひませんでした。どうも何から何迄恐れ入りました。万事私の方で致さなくてはならないのですがと挨拶をする。涙を拭いてゐる。

この母というのは、西村家の家督を継いだ次男の実母で、次男が未成年であったため後見人として西村家に入っていた人です。

祖父やお梅さんからすれば縁もゆかりも無い人で、実家を乗っ取られたようなものでしたから、あまり関わりたくない気持ちであったと思われます。

このような関係を知っていた漱石は、（実は母でもなんでもない）とわざわざ書いているところを見ると、式もすっかり終わった後で挨拶に来られてもあまり良い感情は持てなかったようです。

さて、お梅さんの結婚した美添さんという人は、児童文学者の巌谷小波（いわやさざなみ）門下の森川紫気（本名：美添鉉二）のことですが、中京大学文化科学研究所児童文化研究グループが発表した「愛知の児童文化」という論文の資料集（その５）に詳しく紹介されています。

森川紫気（もりかわしき）

本名・美添鉱二。元口演童話家、市立名古屋図書館司書。明治16年〜昭和38年　海軍兵学校中退。

〔経歴〕

肺結核のため海軍兵学校をやむなく退学。早稲田大学の文学科講義録を取って勉強しながら、少年のころ愛読した『少年世界』の巌谷小波の童話の世界に心を引かれていった。

明治39年から小波の木曜会に出席するようになり、やがて小波門下の一員となった。

明治40年から自宅にある子ども向けの蔵書を子どもたちに開放して読書の機会を与え、時々童話を口演して聞かせた。

この文庫を利用した子どもの中に、大仏次郎と水谷良重がいたという。

明治44年には東京上野の帝国図書館に勤めており、その頃、夏目漱石の家にいた西村濤蔭の妹と漱石の媒酌で結婚をした。

大正11年末に市立名古屋図書館司書に任命されて来名した。

紫気は掌書部長として収書・整理・奉仕の責任に当り、とくに子どもの読書活動には関心が高く、読書への導入という観点からも口演童話活動に力を入れた。（中略）

彼は、亀山半眠が呼びかけたアンテナクラブのメンバーであり、また図書館の職員で口演童話に関心を持った人たちの集まり「太陽童人会」にも顧問格で加わり、指導的役割を果たした。

紫気は「水地獄」「風屋福右衛門」「みちのく長者」など語ったが、話しぶりは穏やかな調子で淡々と語り、小波の話術の継承者と言われた。

昭和15年に市立名古屋図書館を退職した後、蓬左文庫の整理・管理のため東京へ戻り昭和22年から昭和38年まで国会図書館に勤務した。


美添氏は、とても実直な人柄だったようでお梅さんも幸せだったのではないでしょうか。

美添氏が市立名古屋図書館に赴任したのは、大正11年とのことですから、お梅さんがお産で亡くなったのは結婚式を挙げた東京のあの家ということになるようです。

第3章　巌谷小波との関係

ここで以前、黒川創氏の『国境』を送ってくれた従兄から、また祖父のことを知る有効な情報をもらいました。

平成28年9月に岩波書店から発行された中島国彦・長島裕子編『漱石の愛した絵はがき』に、祖父が漱石に送った絵はがきが載っているとのことです。

この本のはじめに長島裕子氏が語るところでは、漱石は受け取った手紙をほとんど処分してしまい残っていないが、絵はがきは気に入ったものを数百枚も保管していたとのことです。

この本では、岩波書店に伝わる三百通余りの約三分の一を、それぞれに解説を付けて紹介しています。

この中に祖父からの絵はがきは2通あり、第5章「満韓の人びと」というくくりの中に紹介されています。

明治43年7月27日に大連から出した『満洲日日新聞』の発行した安東県新市街の写真絵はがきには、次のように記されています。

啓白　其後御病気は如何で御座います。幾分は宜敷い方で御座いますか。奥様やお子様方にもお変りは御座いませんか。小生も今は毎日無事に出勤致して居ります。妹を永々御世話で御座います。

〔表〕暑さの御伺迄申上げます。大連の夏は御承知ですから別に申上げません。七月二十七日

この絵はがきには次のような編者の解説があります。

西村誠三郎は早稲田大学で学び、明治42年には漱石山房の書生をつとめ、この年の漱石日記に登場する。「濤蔭」の号で『ホトトギス』に作品を書いた。満韓旅行の後、漱石は満洲での就職口を世話し、誠三郎は明治42年11月に大陸に渡り、一時『満洲日日新聞』で働き、小説を連載。この絵はがきは、そのころのもの。巌谷小波・久留島武彦のお伽倶楽部にも参加、のちに大連の子供館で働き、さらに帰国後は口演童話の分野でも活躍。誠三郎の妹も漱石宅で「お梅さん」と呼ばれ、鏡子の手伝いをして親しまれていた。漱石夫妻は、明治44年５月には彼女の結婚の世話をした。

また、大正２年10月７日に祖父が漱石に宛てて出した絵はがきには、次のように記されてい

ます。

巌谷小波氏と同行候際各小学校巡回。昨夜当温泉に来り申候　先生御渡満当時に比し非常に諸設備完全改居候　先は御機嫌伺　御奥様に宜敷、

この絵はがきには次のような編者の解説があります。

千山風景「仙人台の石仏」の写真絵はがきで書かれている。西村誠三郎は大正2年9月29日から10月4日まで大連を訪れた巌谷小波を世話し、一緒に行動している。その折の小波日記に「西村」の名のほかに「俣野」の名前があるのは、小波を迎えた大連在住の人物の一人に、俣野義郎もいたことをうかがわせる。この絵はがきは、大連を去り、湯崗子温泉で一休みしたときのもの。西村はこの少し後に『何物かを語らん』（文英堂書店、大正3年）という本を大連で刊行、大正4年からは仲間と『鼎』という雑誌を出す。

祖父が案内をした巌谷小波（いわやさざなみ）とは、我が国の近代児童文学の先駆者で、概略次のようになります。

明治3年~昭和8年。本名：季雄。父は貴族院議員も務める裕福な家庭に育ったが、周囲の反対のなかで文学を志し尾崎紅葉の主宰する硯友社に入った。児童文学の処女作『こがね丸』（明治24年）が好評を博し、これをきっかけに児童文学に専心した。

明治28年創刊の雑誌『少年世界』の主筆となり、その後多くの児童向け雑誌や、『日本昔噺』『日本お伽噺』『世界お伽噺』などの叢書を発刊した。

その他、口演童話を試み、その普及に努めた。

後進の指導にも熱心で、創作家のみならず、口演童話の分野でも新人を育てており、近代児童文学の生みの親である。


巌谷小波も当初は尾崎紅葉の主宰する硯友社で小説を書いていましたが、児童文学に転身することで、近代児童文学の祖と呼ばれるまでになりました。

漱石の弟子では、鈴木三重吉が同様に最初は小説を書いていましたが、大正7年にあの有名な児童文学誌『赤い鳥』を創刊し、児童文学の質的向上に貢献しました。

芥川龍之介の「蜘蛛の糸」も鈴木三重吉が依頼して『赤い鳥』に載せたものです。

鈴木三重吉は漱石の東大講師時代の教え子で、明治39年に小説「千鳥」を漱石の推薦で、高浜虚子が『ホトトギス』に掲載、以後木曜会に参加し中心メンバーとなった人です。

このように見ると、祖父が小説家を目指しながらも、児童文学にも挑戦していたことは、特殊なことではないことがわかりました。

以前、国会図書館のサーチ機能で「濤蔭」を検索した時、鳴海濤蔭という人が巌谷小波が主筆を務める『少年世界』に探検小説を5編投稿していることがわかりました。

おそらくこの鳴海濤蔭が祖父ではないかと思われますが、確証を得るに至っていません。

ところでお梅さんの結婚相手の美添鉉二氏は、巌谷小波の弟子で口演童話活動も熱心に行っていたようですから、祖父もよく知っている人という事になるのでしょうか。

第４章　大連にて

祖父が明治42年11月、大連の満洲日日新聞に赴任して最初に行ったことは、自ら『満洲日日新聞』に小説『虚』を連載することでした。

私は、国会図書館に行って『虚』という小説を読むことにしました。新聞は新聞専用のフロアがあって、受付で明治42年11月の『満洲日日新聞』が見たいと申し出ると、親切にマイクロフィルムの借り方を教えてくれました。

さらにマイクロフィルムの見方、印刷の仕方について親切に教えてくれました。マイクロフィルムというアナログな資料を、モニター画面からデジタルに印刷請求するという仕組みは、前期高齢者の私には複雑な作業でしたが、祖父の書いた小説を発見した喜びで夢中になっていました。

『虚』という小説は、詩人である主人公が都会の進歩的な女性、田舎にいる許嫁、品川の芸者という設定の３人の女性との関係で、自分の生き方を考えていく物語です。

これは、森田草平の女性関係と生きざまがヒントとなっているように思われますが、短期間に急いで書き上げたようで、少し粗削りな内容になっています。

それでも私は、祖父が学生の頃に『ホトトギス』に載せていた短編小説から比べると、かなり良い内容になっていると思うのです。

漱石は、明治44年8月に明石で行った「道楽と職業」という講演の中で、

元来文学上の書物は専門的の述作ではない、多く一般の人間に共通な点について批評なり叙述なり試みたものであるから、職業の如何にかかわらず、階級の如何にかかわらず赤裸々の人間を赤裸々に結び付けて、そうしてすべての他の墻壁を打破するものでありますから、吾人が人間として相互に結び付くためには最も立派でまた最も弊の少ない機関だと思われるのです。

と述べています。

この講演は文学論が主題ではありませんが、漱石は小説を「赤裸々の人間を赤裸々に結び付けて、そうしてすべての他の墻壁を打破するものであります」と述べています。

この点から見ると、祖父の書く小説は人間観察に甘さがあるように思われます。

初期の作品は、人物描写が一面的で厚みのない作品になっているように感じます。

『虚』という小説は、この点で以前の作品よりも「赤裸々の人間」を描こうと苦心しているように思われますが、残念ながら時間的な制約の為か性急な内容になってしまいました。

祖父は『虚』の連載を最後に小説を書いていません。

小説を書くことに行き詰まったのか、内地の文壇を離れて小説に対する情熱が失せたのかわかりませんが、当時の満洲では小説を書く環境になかったのかもしれません。

この頃日本国内では、まさに大正デモクラシーに向かって自由な雰囲気の中で、芥川龍之介や谷崎潤一郎、永井荷風、白樺派の志賀直哉・有島武郎など多くの小説家が傑作を発表していました。

一方、祖父が渡った明治42年当時の大連は、日露戦争の結果租借権を獲得し、まさに南満洲鉄道を中心として満洲の植民地化を推し進めている最中であり、文学が求められる状況ではなかったように考えられます。

このような状況のなかで祖父は、植民地化政策に与することなく、芸術全般・科学・教育・政治等様々な分野についての持論を、本の出版・雑誌への投稿といった手段で展開するようになります。

大正３年12月には、大連の文英堂書店から『何物かを語らん』という本を発刊し、翌大正４年には仲間と同人誌『鼎』を発行しはじめました。

私は祖父がなぜこの『何物かを語らん』という本を書いたのか、また、何を言いたかったのかが理解できず困惑していましたが、思わぬところから助け舟を得ることとなりました。

私には前述した学芸員をしている息子の下にもう一人の息子がいます。

この息子に「漱石は、晩年には芥川龍之介等の才能を見出して引き立てたりしたが、初期の弟子には小説家として生きた人がほとんどいない」という話をしたところ、彼が「受験生時代に漱石の『私の個人主義』という講演録を読んだ。その中で漱石は『自分の個性を尊重するように、他人に対してもその個性を尊重すべきである』というような事を言っている。弟子に対してもその個性を尊重した接し方をしたため、多くの弟子が様々な道で大成していったのではないか」というような意味のことを話してくれました。

私は18年も前に読んだ本のタイトルや内容をよく覚えているなと感心すると同時に、18歳の受験生に漱石が与えた影響が何であるのかと強い興味を持ちました。

『私の個人主義』（講談社、１９７８年）という本は、漱石の講演集です。

「道楽と職業」「現代日本の開化」「中味と形式」「文芸と道徳」「私の個人主義」というテーマで漱石が行った講演がそれぞれ収録されています。

私はこの本を読んで、漱石が講演の名人であることを知りました。

また、漱石は職業、文明、道徳、思想など様々な問題について持論を展開していますが、祖父の書いた『何物かを語らん』は、漱石のこのような面に影響を受けて書いた、祖父版「私の個人主義」だということがわかりました。

祖父も小説を書かなくなってからは講演活動を活発に行っていたようで、祖父の『何物かを語らん』には、その内容も収録されています。

漱石は『私の個人主義』のなかで次のように語っています。

「この時私は始めて文学とはどんなものであるか、その概念を根本的に自力で作り上げるより外に、私を救う途はないのだと悟ったのです。今までは全く他人本位で、根のない萍のように、そこいらをでたらめに漂っていたから、駄目であったという事にようやく気が付いたのです。」

「私はそれから文芸に対する自己の立脚地を堅めるため、堅めるというより新らしく建設するために、文芸とは全く縁のない書物を読み始めました。一口でいうと、自己本位という四字をようやく考えて、その自己本位を立証するために、科学的な研究やら哲学的の思索に耽り出したのであります。」

「自白すれば私はその四字（自己本位）から新たに出立したのであります。そうして今のようにただ人の尻馬にばかり乗って空騒ぎをしているようではははだ心元ない事だから、そう西洋人振らないでも好いという動かすべからざる理由を立派に彼らの前に投げ出して見たら、自分もさぞ愉快だろう、人もさぞ喜ぶだろうと思って、著書その他の手段によって、それを成就するのを私の生涯の事業としようと考えたのです。」

「もし貴方がたのうちで既に自力で切り開いた道を持っている方は例外であり、また他の後に従って、それで満足して、在来の古い道を進んで行く人も悪いとは決して申しませんが、(自己に安心と自信がしっかり附随しているならば、)しかしもしそうでないとしたならば、どうしても、一つ自分の鶴嘴で掘り当てる所まで進んで行かなくっては行けないでしょう。行けないというのは、もし掘り中てる事が出来なかったなら、その人は生涯不愉快で、始終中腰になって世の中にまごまごしていなければならないからです。私のこの点を力説するのは全くそのためで、何も私を模範になさいという意味では決してないのです。私のような詰まらないものでも、自分で自分が道をつけつつ進み得たという自覚があれば、あなた方から見てその道がいかに下らないにせよ、それは貴方がたの批評と観察で、私には寸毫の損害がないのです。」

「それで私は常からこう考えています。第一に貴方がたは自分の個性が発展出来るような場所に尻を落ち付けべく、自分とぴたりと合った仕事を発見するまで邁進しなければ一生の不幸であると。しかし自分がそれだけの個性を尊重し得るように、社会から許されるならば、他人に対してもその個性を認めて、彼らの傾向を尊重するのが理の当然になって来るでしょう。それが必要でかつ正しい事としか私には見えません。」

祖父は、『何物かを語らん』で、巻頭に「読者に」と記して、

自分が本書を書いた目的は、満洲の天地から収穫した、詰まらないながらも、自分の思想上の聲を集めてみようという事である。

として39にも及ぶ項目について持論を展開しています。

そして誰の考えでもない、あくまでも持論を展開しているところは、漱石の考えそのものを祖父なりに実践しているのだと思います。

『何物かを語らん』の「自己の充実」という項で祖父は、次のように述べています。

教師は生徒に対して、如何なる自己を持つべきか、それは自己の全人格をして、生徒の全人格を照応せしむると同時に、自己の人格はこれによって、何を為しつつあるかを考えるべきである。即ちこの場合に於ける教師は、自己の人格を尊重すると同時に、生徒の人格を尊重しなければならない。生徒は同一に人格ある我であって、之れを教育する處の教師

は倶にこれ自己を琢磨するの人格である。
真の教育者は、この自己を顧みる時に於いて、始めて自己の覚醒があるのである。

漱石の影響が感じられる考えです。

また、『何物かを語らん』の「戦乱の教訓」という項で祖父は、次のように述べています。

極端なる国家主義は、遂に自己の国家を破滅せしむるという事を示している。今日国家が絶対の権威を持って、国民に臨む事は宣しとして、これを他国に施さんとする時に当たっては、必ずそこに哲理の上に於いての矛盾を致す。各国家は各国家の存在の理義と、長き歴史を有して、倶に対等の自他の権利にある。今日の自国万能主義に於ては、恰も個人に於ける、利己主義の場合と同様に、それが必ず悪結果を生み出すべきは、自明の理である。他の国家の利益を犠牲に供して、只自己の国家の利益をのみ計ろうとする事は、これ物質にのみ拘泥するの、国家至上主義である。今日の戦争が果たしてそういう事実の基に行われていないだろうか、これは明らかに今日見得る處の、戦争の教訓である。

他国の権利をむやみに侵すことは、自国を破滅に導くこととなり、行うべきでないという考えを述べており、植民地主義に否定的な見解を示しています。

祖父は、この『何物かを語らん』を出版した時、31歳、この時点では漱石のいう「自分の鶴嘴で掘り当てる所まで進んで行く」段階ですが、苦悩を続けるなかで小説を書くことを止め、評論文や冒険小説を書いたり、講演活動をしたり、子供館を経営したりと様々な可能性にチャレンジしていたようです。

この後、祖父は濤蔭という雅号での著述はほとんどなく、西村誠三郎の本名での執筆に切り替えています。

私生活面では、妹のお梅さんが漱石夫妻の仲人で結婚した年と同じ明治44年の11月に、当時、南満洲鉄道が経営する大連醫院で看護師をしていた私の祖母となる深町コトと結婚しました。

南満洲鉄道の職員録（44年３月）の大連醫院看護師に深町コトの名を見つけました。

我が家には、明治42年ハルビン駅で伊藤博文が安重根に襲われた時、祖母が看護にあたったとの言い伝えがありますが、治療チームの一員であった可能性は否定できないことがわかりました。

そして、二人は大連で三男一女を儲けています。

私の父は大正11年４月に東京の品川で四男として生まれていますので、この年には大連を離れ東京に帰っていたことになります。

この本の冒頭に記した通り、昭和17年1月に祖父が西村誠三郎の名前で出した『満洲物語』の序文に当時『東京日日新聞』編集顧問の黒田乙吉氏が、当時の祖父の様子を次のように記しています。

次に私は、大正五年の正月、大連で大連子供館の館長としての濤蔭氏に会った。その後、氏は渡米もしたが、私の承知しているかぎり、濤蔭氏の半生は満洲の生活、研究、紹介に送られている。

漱石は大正5年12月に亡くなっているので、この時、祖父は大連子供館の館長をしていたと思われます。

収入も安定し充実した人生を送っていたようです。

我が家には、祖父が大正8年7月に大連私立實科高等女学校へピアノ一台と他、三点を寄付したことで銀杯を賜った旨の兒玉秀雄伯爵からの感謝状が残されています。

また、大正9年に渡米した際の日本帝國海外旅券（パスポート）が残されています（巻頭の写真5参照）。

このアメリカ旅行のアルバムが残っていますが、裏表紙に凡そ次のように旅程が記されています。

大正9年3月29日に大連港を出発し、4月16日カナダのビクトリア見学、翌日にシアトル上陸、ポートランド、サンフランシスコ、ヨセミテ渓谷、ロサンゼルス等西部沿岸を経て、5月13日再度サンフランシスコ上陸。シカゴに5月19日到着して、7月1日迄滞在す。その間ボストンに3日、ワシントンに3日、フィラデルフィアに1日の旅行をする。帰途ナイアガラに立寄り再度シカゴに1日滞在、サンフランシスコから7月24日横浜に帰る。東京に1週間滞在し、大連には8月5日帰着す。

いわゆる満洲浪人の中でも成功者として、安定した暮らしをしていたようです。

金子雪斎との出会い

第3部

第１章　金子雪斎翁

祖父は、大連において金子雪斎という人物と出会い、その後の生き方を大きく変える思想上の影響を受けました。

祖父が大連の雑誌『新天地』（大正14年10月、新天地社）に金子雪斎の死を悼み東京から西村濤蔭の名で寄稿した「雪斎先生の死」という文章にその関係が記載されています。

漱石先生の死後、最近の私に異常のショックを受けるものに、雪斎先生の死がある。

（中略）

嘗て私は子供館の新築式の時に、先生に一場の祝辞をお頼みした處、快諾されて壇上に立たれたが、其の飾なき率直な挨拶は、今も私の耳を去らないものである。私が内地に引き上げる前日、特に山田武吉氏を相客として、一席の送別宴を金陽で招ぜられたが、総ての送別宴を辞退して出なかった私には、先生の温情が鳥鍋よりはどの位嬉しく酌まれたか知れない。

先生が謹厳そのもののような生活を保持されて、無妻と粗食粗衣、振東社楼上に炬燵を擁して、鳥鷺の間に訪ね来る名士不名士を、何等異なるなき態度で遇せられた事は或者には誤解を招き、或者には畏敬の的となったと思ふ。

先生の事跡に就いては、私が言ふ迄もなく知る人が多いと思ふ。先生没して思ふことは、先生の高雅と、先生の識見である。満洲より先生を失った事は、何んと云っても残念である。先生は恰かも満洲の柱石の如くにして立って居られた。満洲廣しと雖も先生の如き高潔な人物を見出す事は容易に出来ない。


祖父は、金子雪斎を漱石と同等に師と仰ぎ、その死を悼んでいます。

また、大連在住の間には親しくご指導をいただいていた様子がうかがわれます。


そもそも金子雪斎とはどのような人物なのでしょうか、あまり世の中に知られていない人物のようで、その人物を探るのに苦労しましたが、中野正剛という人が『魂を吐く』(昭和13年、金星堂) という本の中で、金子雪斎を詳しく紹介しています。

『魂を吐く』は、国会図書館の「デジタルコレクション」に公開されています。

この本で中野正剛が語る金子雪斎の略歴を要約すると次の通りです。


金子雪斎先生は福井の産である。(生年1864年) 幼いころ漢学を修めたが、後に江戸に出て中村敬宇先生に洋学を学んだ。文章は達者だった。その躬行実践の風は王陽明学派のような所もあったが、西洋の書物も読みこなして老いるまで常に時勢の先駆者であった。かつて壮年、北海道に放浪して北門新報社の校正係に雇われたときなど、主筆の文章に、ドシドシ勝手に筆を入れて縦横無尽に改ざんし、社長や主筆をして結局その実力に敬服せしめた。

その後台湾に移り9年間を過ごされたが、その地でも新領土人民の撫育に当たり、侠骨金子の存在を認識せしめた。日露戦争の際には、高等通訳官となって出征された。豪放磊落に昼は人の恐れる戦線に出かけて、弾丸雨飛のうちに将卒らを励まし、夜は露営の灯に書を講ずるという調子で、忽ち将校連の崇拝の的となった。

戦争が済むと、「俺は満洲に精神的日本を建設するのだ」と称して大連に踏みとどまり、私費を投じて私塾「振東社」を設立し、日中青少年の教養に努められた。その努力と人格に傾倒した中国の人々は、資を投じて先生の為に漢字新聞「泰東日報」を起こすに至った。泰東日報における先生の活動は目覚ましく、論説も書けば社会記事も書く、時には活字も拾われたそうだ。しかも家に帰ると「振東社」塾に青少年と寝食を共にして学を講ずることを怠らなかった。

金子先生は、生前、杉浦重剛、頭山満、三浦観樹、犬養毅などの人々と懇親があり、満洲大連の一角に蟠踞して、中国に志ある者からは、誰からも仰がれ且つ慕われていた。実際満洲に往来する志士浪人学生等で先生の世話にならぬ者はない位だ。

祖父が雪斎翁と出会ったのは、「振東社」において日中の青少年を分け隔てなく教育し、『泰東日報』により中国人への啓蒙活動を行っていた重要な時期でした。

雪斎翁の思想は、『魂を吐く』に次のように記されています。

嘗て東京で朝鮮問題を話したら、先生は何等の躊躇もなく、「朝鮮は究竟○○（独立）させてやるのだ」とやってのけた。筆者は誠意を尽くして朝鮮を繋ぎとめ、彼我青年の理想の上に人道的経綸が行いたいのだ。それで雪斎翁の○○論（独立論）は異様に耳を衝いた。雪斎翁は更に語をついで曰く、「人間が人間に対してお前は○○（独立）してはいけないなど、どうしていえるか、そんな馬鹿げた説法は、如何に巧妙に潤色しても、朝鮮人は誰も耳を傾けない」と。
筆者は雪斎翁に向かい大いに英才を養うの必要を説いた。
雪斎翁曰く、「英傑などは滅多に出来るものか、天がこれを授くれば望外の仕合わせだ、中野は種々慷慨して、世間で偉い奴を引っぱって仲間にしたり、手下にしたりするだろう。お主は畢竟才を愛するのだろうが、俺は人を愛するのだ。凡庸ならば凡庸なる天分を遂げさせたいのだ、俺のところで育った奴は凡庸でもそれ相当の用を為すだろう」と。斯くて始めて人の師となることが出来る。この精神を以て人を率いれば、己も失望することがなく、他も亦生涯離反しない、雪斎翁の朝鮮〇〇論（独立論）は、畢竟人道の極致を尽くす所以である。

この『魂を吐く』は、昭和13年に出版されていますが、独立の二文字は〇〇と表示されています。

戦後出版された『政治家中野正剛』（昭和46年、中野泰雄著）では同じエピソードを紹介する項で「朝鮮は独立させなければならない、満洲に精神的日本を建設するのだ、という（雪斎翁の）その意気込みのはげしさは、若い二人（中野正剛と丁鑑修）に迫るものがあった。」と中野正剛の四男泰雄氏は語っています。

また、泰雄氏は次のようにも語っています。

正剛は、多くの先輩の世話をうけながら、後にその評価を改めて決別することが多かったが、この雪斎翁に対する尊敬の念は棄てることがなかった。戦争中、東方会で経営していた私塾に振東塾の名をつけたのも、そのあらわれであり、そのきびしい生活態度にはホンモノだという感銘を受けていたようである。

昭和8年に金子雪斎が創設した振東学社が『雪斎遺稿』を発行していますが、その遺稿の「新年祈」（大正9年『東方時論』）で本人が次のように主張しています。

この『雪斎遺稿』も国会図書館の「デジタルコレクション」に公開されています。

唯「天力を擁して自主的に世界に対する」ことを忘れ、ひたすら知見の魔窟に呻吟するは痛むべし。されば天力に邀應すべき我が自覚のまにまに、米に当り、露に対し、支に臨め、朝鮮を扶植せよ、其自治をも與えよ、独立をも許せ、高大の天職は、やがて我が国家国民の有たるべし。

天の道理に従って世界に向き合うことを忘れ、浅はかな人間の考えで行動してはいけない。天の道理に従って、米国に当たり、露国に対し、中国に臨みなさい。朝鮮を育成し、その自治をも与え独立を許しなさい。抜きん出て優れた行いは、やがて日本国民にはね返ってくるであろうと述べています。

同じ『雪斎遺稿』の中の、「醒覚してから」（大正14年『日満通信』記念号）では次のように主張しています。

> 近頃白人に対する亜細亜連合即ち有色人同盟の聲があり、其前提として日支国民の親交を新たにすべく企てるものが多い。而も支那人の肚裡（引用者注：腹の中）を探れば曰く「日本は白人連盟の仲間に入る筈では無いか、自ら白人の列に入ったのを名誉として支那人を侮蔑し、常に白人と協同して支那を圧抑した外、未だ曾て支那に代って権利を主張して呉れたことは無い。我等は日本人の自慢する如く日本人を東洋の白人と思っている、今更亜細亜連盟などの聲を日本人から聞くは奇怪だ、おカドが違いましょう」と言うのが本心、対支文化事業にすらケチを付けるのだ。此の点を視ても概推ができる。条約攻め、証文一天張り、さては指導主義、親善の押売りなどの心理では到底満蒙発展の見込はない。

以上のように、金子雪斎は日本の植民地主義・侵略主義を強烈に批判しています。

「アジアの国々は欧米列強の植民地支配から脱却し、独立を勝ち取らなければいけない。日本は、アジアの国々を欧米列強のごとく植民地化するのではなく、独立に向かって支援していくことが重要だ」とのアジア主義を主張していますが、他のアジア主義者と違い、国家との距離を置いて、民衆の中から自立を支援していく活動を行っていたようです。

私は、昭和の軍国主義のもとに行われた「大東亜共栄圏構想」が、実際は侵略主義の方便であったことと思い合わせると、明治の思想家の中にはこのような人がいたのだと、今更ながら感服しました。

祖父は、大連の地でこのような金子雪斎という人物に出会い大きな影響を受けたと思われます。

雪斎翁に祝辞をお願いした「大連子供館」の設立は、日本の植民地政策を支えた『満洲日日新聞』との決別を意味しています。

この時、祖父は33歳、金子雪斎52歳でした。

「大連子供館」というのは、大連における児童教育の施設であり、雪斎翁が祝辞を引き受けたという事は、雪斎翁の「振東社」と志を同じくする施設であったと推察されます。

また、祖父が東京に引き上げる際には、雪斎翁が送別宴を設けてくれたということは、「大連子供館」の運営が最後まで雪斎翁の認める内容であったことを証明していると思います。

第2章　中野正剛とは

金子雪斎を師と仰ぎ『魂を吐く』のなかで、詳しく紹介している中野正剛とはいかなる人物なのでしょうか。

祖父とは直接接点が認められませんが、その経歴からかなり近い所で人生を歩んでいることがわかりました。

国会図書館が編集するホームページ「近代日本人の肖像」には、次のように紹介されています。

中野正剛　なかの　せいごう
職業・身分　政治家、ジャーナリスト
出身地　福岡県
生没年月日　明治19年2月12日～昭和18年10月27日
解説
早稲田大学卒業後、東京朝日新聞記者を経て、東方持(ママ)論社主筆となる。

大正9年（1920）衆議院議員となり、以後連続8回当選した。

雄弁家として知られ、昭和4年（1929）浜口内閣の逓信政務次官となる。

11年東方会を結成し南進論を唱えた。

日米開戦後は東條英機と対立し、18年東條内閣打倒の重臣工作を企て失敗。

憲兵隊に取調べを受け、帰宅後、割腹自殺した。


中野正剛は、早稲田大学政治経済学科を明治42年に卒業しています。

祖父は、同じ政治経済学科を明治41年に卒業していますので1年先輩になりますが、祖父はその頃既に文学を志し、漱石宅を頻繁に訪れていましたので、ジャーナリスト志望の中野氏とは大学内では縁が薄かったかもしれません。

中野氏が『東京朝日新聞』の記者をしている頃は、漱石が『東京朝日新聞』専属となり文芸欄をプロデュースしていましたが、中野氏は政治部の敏腕記者、祖父は漱石の書生ですから新聞社内での接点もあまりなかったかもしれません。

大連では二人とも金子雪斎を師と仰ぎ、「振東社」塾に出入りしていたはずですから、多少の接点はあったかもしれません。

その後、中野氏は政治家となり南進論を唱え、南方の資源を求めて「大東亜共栄圏」の盟主構想を推進しました。

この結果、米英との軋轢が生まれ太平洋戦争（昭和16年）へと突入していくことになりました。

また、中野氏はムッソリーニ、ヒトラーと会談し、日独伊三国同盟（昭和15年）を支持しています。

しかし、太平洋戦争の戦況悪化にもかかわらず独裁色を強める東條英機と対立し、東條内閣転覆を図ったことが事前に察知され、憲兵隊の取り調べを受け釈放後、謎の割腹自殺（昭和18年）を遂げています。

中野正剛については、金子雪斎と異なり多くの研究者が研究の対象としており、書物も多数出版されていますが、雪斎翁の思想が中野正剛の政策に生かされたのかはよくわかりません。

昭和の政治家が明治の理想主義的な思想を具現化するのは、時代的に困難だったのでしょうか。

一方祖父は、東京に戻り政治評論家として、政府を激しく批判していくこととなります。

『大日』誌への投稿

第4部

第１章　大日社

祖父は、大正11年に金子雪斎から送別の宴を受けて東京（品川）に帰ってきました。東京に戻った理由は正確にはわかりませんが、父からは、大連の子供館が火事で焼失し全てを失い戻ってきたと聞いています。

東京に戻った後は、評論家として活動していたようですが、明治大学文学部・文学研究科が発行した『文学部・文学研究科学術研究論集』の「泉鏡花『みさごの鮨』の射程」（吉田遼人、平成23年）という論文の「はじめに」に、その足跡を発見しました。

「みさごの鮨」を時評で取り上げた西村濤蔭は、「例の鏡花一流の描き方で、随分と読み悪いものだ。（中略）何処までもお芝居じみたもので、博士と下女と芸者と若旦那、こんな取合せが一種の悲劇に運んで行く。私は現代画の中へ古い錦絵が飛び込んできたやうに思った」（「新春小説界〈五〉新小説」『やまと新聞』大正12年1月13日）と、ただただ批判的に受けとめた。

との記載があります。この論文で吉田氏は、

けれども「現代画の中へ古い錦絵が飛び込んできたやう」とまで見下げられたこの「みさごの鮨」は、本当に「時代相に乗らない」といった批判に甘んずる一編だったのだろうか。

とつづけて、祖父の批評を問題提起の材料として使っています。

私としては、時評の内容はともかくとして東京に戻った祖父が、さっそく泉鏡花の作品を批判している元気な足取りを見つけることが出来た資料でした。

祖父が『みさごの鮨』を時評で取り上げた大正12年は、9月1日に関東大震災が発生し、南関東は大きな被害を受けましたが、祖父たち家族はみな無事であったようです。

大正デモクラシーも終盤に東京に帰ってきた祖父は、雑誌などに評論文を投稿して生計をたてていたと思われます。

しかし、日本が植民地政策を推し進めている租借地大連で、祖父が金子雪斎等と満洲の近代化を模索している時期に、日本国内では大正デモクラシーの自由で民主的な政治・社会・文化運動が広がっていました。

文学では、有島武郎や志賀直哉の白樺派、漱石の影響を受けた東京大学系の芥川龍之介や久

米正雄たちが活躍し、小林多喜二などのプロレタリア文学も生まれており、祖父が漱石の書生をしていたころとは全く違うものとなっていました。

そんな祖父が文芸評論で生活していくことには無理があったように思われます。


大正14年10月には、大連の雑誌『新天地』（新天地社）に金子雪斎の死を悼み東京から西村濤蔭の名で「雪斎先生の死」を寄稿しています。

そして時代は昭和となり、１９２９（昭和４）年10月ニューヨーク・ウォール街における株の大暴落に始まった世界大恐慌は、世界中に暗い影を落としていきました。

日本は、昭和６年「柳条湖事件」に端を発した「満洲事変」、昭和７年３月の「満洲国建国」、同年５月の「５・15事件」と暗い戦争の時代へと突入していきます。


そんな中で、大日社の発行する『大日』という雑誌の昭和８年７月号から祖父は西村誠三郎の名で昭和13年９月までの６年間に30編の政治評論を掲載しています。

祖父が50歳から55歳までの、当時としては晩年の執筆ということになります。

雑誌『大日』そのものは昭和６年から昭和20年まで14年間、毎月１日と15日の２回発行されました。

同誌の創刊の辞には、次のように記載されています。

> 明治21年乾坤社を興して、雑誌『日本人』を創めたるは吾人の師長天台道士杉浦重剛先生なり。其の翌年新聞『日本』を興して國體主義を高調したるは羯南陸實先生なり。爾來40年濟々たる多士は苦節に死し、吾人の先輩は曉天の星の如くなれり。吾人の魯鈍なる、再躓三躓今や讒かに彈丸黒子の地を守るに過ぎず。茲に頭山立雲先生を社師として、廣く天下同志の贊襄を仰ぎ、新たに『大日社』を興し、雑誌『大日』を創刊して名節を砥礪し大義に終始し、毅然筆政に任じて操觚の天職を全うせんとするは先輩師長の先蹤を追うものなり。

雑誌『大日』は、杉浦重剛等が参加した雑誌『日本人』や陸羯南（くがかつなん）が創刊した新聞『日本』の精神を昭和に復興すべく頭山満を社師として新たに創刊したとしています。

杉浦重剛や頭山立雲（満）は、金子雪斎と親しい関係にあったことは既に述べましたが、杉浦重剛などが参加した雑誌『日本人』（明治21〜39年発行）は、三宅雪嶺、志賀重昂（しがしげたか）などが創刊した雑誌で、性急な欧化主義をつよく警告した国粋主義の論陣を張っていました。

ただし、雑誌『日本人』の主張する国粋主義とは、日本人をひたすら讃え、外国を全否定するような極右思想ではありませんでした。

志賀重昂は、雑誌『日本人』第2号『「日本人」が懐抱する処の旨義を告白す』の中で次のように述べています。

予輩は「国粋保存」の至理至義なるを確信す。故に日本の宗教、徳教、教育、美術、政治、生産の制度を選択せんにも、亦「国粋保存」の大義を以て之を演繹(えんえき)せんとするものなり、然れども予輩は徹頭徹尾日本固有の旧分子を保存し旧原素を維持せんと欲するものに非ず、只泰西の開化を輪入し来(きた)るも、日本国粋なる胃官を以て之を咀嚼し之を消化し、日本なる身体に同化せしめんとする者也。

即ち、「日本の宗教・徳教・教育・美術・政治・生産の制度は守らなければならないが、徹頭徹尾日本の旧態を維持するということではなく、西欧文明は、日本の胃腸で咀嚼し消化して取り入れるべきだ」と述べています。

私は国粋主義と聞くと昭和の軍国主義者の排外的なナショナリズムを連想して、あまり良いイメージを持ちませんが、明治の思想家の唱える国粋主義とは欧化を否定するのでなく、日本流にかみ砕いて取り入れていくべきだとの主張だとわかります。

陸羯南が創刊した新聞『日本』（明治22年〜大正３年発刊）は、雑誌『日本人』と親密な関係にありました。

陸羯南は、正岡子規の庇護者としてもよく知られていますが、子規を新聞『日本』の記者として雇い入れたうえで、最後まで面倒を見ました。

社師となった頭山満はアジア主義者の巨頭で、国会図書館が編集する「近代日本人の肖像」には、次のように紹介されています。

頭山　満　とうやま　みつる
職業・身分　社会運動家
出身地　福岡県
生没年月日　安政2年4月12日～昭和19年10月5日
解説
国家主義運動家。父は福岡藩士。明治初年、福岡の不平士族の結社・矯志社の蜂起計画に加わり入獄。のちに民権運動に参加し、明治12年（1879）向陽社を結成、国会開設請願運動を行う。14年向陽社を玄洋社と改称、次第に国権論・アジア主義の主張を強める。対外強硬論を唱え日本の対外膨張政策に関与する一方、孫文・金玉均はじめアジアの独立派・革命派の政治家たちを支援した。右翼の巨頭として政界に隠然たる影響力を持った。

このように頭山満は、中国の孫文や朝鮮独立党の指導者金玉均などアジア各地の民族主義者・独立運動家への援助を積極的に行ったアジア主義者の巨頭であり、祖父が影響を受けた金子雪斎とも近しい関係にありました。

日露戦争で日本がロシアに勝利したことは、欧米列強の植民地となって苦しんでいるアジア諸国の独立運動に大きな希望を与えることとなり、多くの独立運動家が日本に学びにやってきました。

頭山満が支援した独立運動家は、中国の孫文、韓国の金玉均以外にも、インドのビハリ・ボースやヘーラムバ・グプタ、フィリピンのアルテミオ・リカルテやベニグノ・ラモス、ミャンマーのウ・オッタマ、ベトナムのクォン・デ、アフガニスタンのマヘンドラ・プラタップ等多数に上ります（平成23年、田原総一朗『なぜ日本は「大東亜戦争」を戦ったのか』から）。

祖父が大連で金子雪斎等と満洲の近代化について模索していた明治42年から大正11年の中国では、明治44年12月辛亥革命により中華民国大総統に孫文が選出され、翌大正元年２月宣統帝溥儀が退位し清朝が滅亡しました。

「革命が成功した直後に、孫文や黄興たちに精神的にも資金的にも多大な貢献をした頭山満は、犬養毅とともに革命の成功を祝うため中国に渡った。朝日新聞に入社したばかりの中野正剛も同行した。」と田原総一朗氏は『なぜ日本は「大東亜戦争」を戦ったのか』のなかで述べています。

しかし、軍事力を持たない孫文は、大正元年2月大総統の座を袁世凱に譲りますが、大正2年に袁世凱が病死すると軍閥割拠となり中国は動乱の時代に入りました。

祖父が住んでいた満洲も、日本が租借地とする大連・旅順や南満洲鉄道の各駅と沿線は、日本の軍事力を背景に近代化が進み豊かになっていますが、一歩支配地域の外に出ると張作霖などの軍閥が住民を搾取し苦しめていました。

この当時の軍閥の実情や中国人の苦悩については、ユン・チアンの『ワイルド・スワン』やパール・バックの『大地』のなかで詳しく語られています。

そして大正6年ロシア革命によりソビエト連邦が成立すると、共産主義拡大に対する防衛拠点として満蒙は「日本の生命線」となりました。

このような状況下で祖父たちが東京に戻った後の昭和6年には、関東軍による柳条湖事件に端を発した満洲事変が勃発し、昭和7年3月には満洲国建国となりました。

この満洲国建国の2カ月後、昭和7年5月15日に起こった「5・15事件」によって殺害された犬養毅首相の後継として指名された斎藤実元海軍大将の内閣を批判するところから、祖父の『大日』への投稿が始まります。

第2章　『大日』誌での政党政治批判

祖父が『大日』誌上に初めて登場するのは、昭和8年7月号の「政党解消論」というタイトルの論評からです。

祖父は、この中で5・15事件後の立憲政友会と立憲民政党の対応を激しく批判しています。この5・15事件が起こる背景には、世界恐慌の影響で日本の農村の窮乏は甚だしいものがありましたが、政党は汚職と政争に明け暮れていて、何ら有効な対策を打てなかったことが挙げられます。

政治家に嫌気がさした国民は、金銭的欲望を持たない軍人に期待を寄せるようになり、5・15事件では、軍法会議での裁判に対し、国民から多くの減刑嘆願書が提出されました。

このような背景から、この事件により暗殺された犬養毅首相の後継として政府は、元海軍大将の斎藤実を首相として政友会・民政党それぞれから大臣を出して、挙国一致内閣を作り出しました。

祖父は、この挙国一致内閣を「政党解消論」で次のように論じています。

※『大日』からの引用文は、読みやすくするためタイトルも含めて旧漢字を新漢字に書き換

えています。

政友会と云はず、民政党と云はず、現在我国の政党ほど国民の信頼を失ったものはない。5・15事件の突如として発生した場合、議会の趨勢よりすれば、当然多数党たる政友会に大命が再降下して、再び政友会内閣が組織さるべき筈にも拘はらず、政党以外の斎藤氏に大命が降下して、いわゆる非常時局内閣なるものが組織された。斎藤内閣なるものは協力内閣なるものをその組閣方針として、政民両党より閣僚を入閣せしめ、形の上に於て挙国一致内閣の如き体を為したのであるが、事実に於ては全然鵺的寄合内閣の奇現象を呈している。5・15事件以来、軍部と政党との間は融和せず、政友会は殆んど間者的隠密大臣を閣内に列せしめているが如き態度に出で、民政党は阿諛的伴食大臣を列せしめているにしか過ぎない。政党本来の主張も政策も放擲して顧みないような有様である。

として政権発足後も何ら有効な政策を打ち出すことなく政争に明け暮れる政党を厳しく指摘しています。

続いて、昭和8年10月号の「妥協政治排撃論」では、

「現内閣は徒らに既成政党に媚を呈するが如き醜態を一掃して、内閣それ自身の国策を一日も早く樹立し、真に国民一般の期待に副ふべき強力なる政治を行ふべきである。若し既成政党がその政策に反対する場合には、断固として議会を解散し、改めて国民の総意を問ふのが常道である。」

「議会解散、既成政党との正面衝突、これが現在政治を改革する第一歩だ。妥協政治は国民を毒すること甚だしい。」

更に続いて、昭和９年３月号の「辞職せよ斎藤内閣」では、

「斎藤内閣出現の使命は何であった乎、非常時に対する応急的措置、飛躍日本の国策樹立、政界の浄化、産業の復活、経済の是正、思想の善導等がその使命であらねばならぬ。然るにこの内閣は約２年間にそれらしい国策すら満足に実行していない。」

「国民の政治的意思を察知せず、既成政党の現有勢力を過信し、議会解散の断行にも出でず、妥協苟合の彌縫政策に依って遂に今日に至った、それが斎藤内閣であるから、此の上はそれ自身が総辞職をなすより外に途はない。」

と述べ、政党批判から内閣批判にまで発展していますが、斎藤内閣は昭和９年７月に総辞職

しています。

しかしながら5・15事件の政党政治にもたらした影響は大きく、国民の信頼を失った政党の発言権は縮小し、犬養首相が殺害されて後、昭和20年の敗戦まで政党出身者の首相は遂に出ることがありませんでした。


昭和9年10月号の「藤井財政の二元的錯誤」で祖父は、次のように財閥批判を行っています。


「満洲事変勃発以来、急激に膨張せる軍事予算は、必然の結果として予算の均衡を破ったが、之が調整には財務当局として公債政策に依るか増税政策に依るかの二途より無い。」大蔵当局は極度の低減政策にでて、予算を削減する意気込みであるが、「単に軍事予算のみならず、窮乏の極に達せる農村救済問題を控えて」到底削減などできない。

「赤字公債が我が金融政策上既にその飽和点に近づいているのは明らかである。」ところが財閥は増税政策を喜ばない。「彼らは官僚と結託し、政党を操縦し、飽くことを知らざる自己拡大をやってきたのである。」そして「我国の経済界は殆んど金融資本に制せられているがその金融資本を牛耳るものは、少数財閥巨頭連中である。」

「産業保護の下に軍需品工業は異常な収益率を挙げている。貿易躍進の陰に大部分の利益を収めつつあるものは財閥である。彼らは低賃金の労働者を酷使して産業能力の向上のみ計っている。」「苦しむものは依然たる国民大衆であって、独り利得するものは一部財閥にしか過ぎないではない乎。」

「赤字公債の買入れによって巨頭財閥銀行を利得せしめ、軍需工業によって二重に金融財閥を利得せしめ、しかも何等之れに対する特別課税方針にも出でず、唯々金融資本の跋扈にのみ任せ、而して国民大衆の将来の負担となるべき赤字公債増加政策にのみ没頭しつつある藤井財政に対し、自分は極力之れを排撃するものである。」

祖父は、膨張する国家予算を赤字公債の発行に頼る国家に対し、公債買い入れと軍需品需要の拡大によって二重の利益を受けている巨頭財閥に特別課税を行う政策を提案しています。

祖父はこの後も2・26事件後の広田内閣に至るまでの政党批判を昭和11年まで行っています。

そして国民は、軍人に対する期待をますます大きくすることとなりますが、祖父は軍人をこの当時どのように評価していたのでしょうか。

『大日』昭和9年3月号の「政党政治より国民政治へ」では次のように述べています。

この中で祖父は、美濃部達吉が『東京朝日新聞』に発表した政党政治論に反論する形で政党政治を批判し、国民が求める政治機構を述べています。

最初に祖父は、「現在の我国議会政治は多数決によって総べての議事が決定されており、数さへ多ければその内容も質の如何をも問はないと言ふの実状にある。」そのために政党は「如何なる手段を弄しても多数を得んと努力する。」その結果「選挙の乱暴となり、疑獄事件の頻出となり、議会の粛清問題となり、既成政党の国民的不信頼となった。」と述べています。

さらに「我が国の政党は自由民権の個人主義思想から起こったもので、明治維新後の藩閥政治の横暴に対抗したのは可として、その政治思想はフランス革命当時の自由民権論より一歩も出ず、イギリスの個人主義と自由主義に走った。」これらの外国思想が我が国の国体観念に合うかを考えず盲目的に信仰した結果「藩閥政治時代にもこの閥族と官僚とは政党と手を握り、政党を利用することによって、政権の維持をのみ念とした。」明治の末期に資本主義全盛となるや、財閥も政党政治家と組み「政党、財閥、官僚その他の特権階級の三角関係が成り立ち、政党発生の自由民権主義が一部分にのみ伸びて、彼らの横暴を馴致し、政党政治をして遂に今日の如く堕落せしむるに至った。」「現在の政党は国民の政治的意志の代表機関にあらずして、既成政党といふ一種の政治団体に無理矢理に統一せられたる機関、歪められたる政治機構たるに過ぎない。」と述べて、西洋の個人主義・自由主義を十分に咀嚼せずに取り入れた為、政官財癒着による政治の堕落をもたらし、本来の機能を発揮することが出来なくなってしまった政党を批判しています。

続けて、政党壊滅後の我が国の政治機構はどうあるべきであるか。ファッショ政治について「兵力万能の武断政治が今日是認さるべきものでない事は言ふまでもない。」「我が国の政治は天皇御親政の下に行はるべきもので、内閣は天皇の御親任あそばす人に大命が降下して組織され、議会には立法と予算協賛との権能が与へられ、ここに我が国の政治機構が成立し得るのである。天皇政治は内閣と議会とを通じて一貫しているのだ。国民の政治意識は議会に反映して君民一致の下に天皇政治を翼賛し奉るのである。」

「軍部の思想は言ふ迄もなく天皇政治であって」「挙国一致の下に党争的政治を非として日本精神の下に日本独自の政治を欲しているのが軍部である。」

それでは、国民が求める政治機構とは何であるかと言えば、それは政党政治に非ずして国民政治であり、国民全体の意識を総合化せる政治組織である。

最後に独裁政治について「独裁政治の許されると否とは国民の総意的支持が得られるや否やにあるのだ。独裁政治は我が国体観念と合致し、天皇政治の根本義を誤らざる範囲において、一君万民の善政を行ひ得るのである。然らざる限り独裁政治たると人材内閣たると又如何なる内閣なりとも、決して許さるべきものではないのである。」と結論付けています。

この中で祖父が「天皇政治」と称しているのは、美濃部達吉を中心として唱えられてきた「天皇機関説」に対して、天皇そのものに主権が帰属すると考える「天皇主権説」の考えのことです。

当時の国民には、政治がうまく機能しないのは、政党が天皇に対して正確な情報を報告せずに政治を私物化しているからだと考える人が多くいました。

　これらの人々にとって、軍人は天皇の軍隊として天皇に忠実であるから「軍部の思想は言う迄もなく天皇政治」となります。

　しかしながら、「兵力万能の武断政治が今日是認されるべきものでない事は言うまでもない。」としながらも「軍部の思想は言う迄もなく天皇政治」なので「天皇政治の根本義を誤らざる範囲において」軍部独裁政治も「一君万民の善政を行い得るのである。」という結論は乱暴すぎるように思われます。

　戦後生まれの私は、満洲事変が関東軍の暴走であったことは事実であり、明らかな侵略行為の始まりであったと認識しています。

　祖父の知る日本軍は、日露戦争当時の明治天皇の下の軍隊であり、昭和の軍隊が大きく変質していることに気付いていなかったのではないでしょうか。

　私は、明治のアジア主義者達は皆この点で軍隊を見誤っていたと考えます。

　祖父は『何物かを語らん』のなかで自ら、他国の権利をむやみに侵すことは、自国を破滅に導くこととなり、行うべきでないという考えを述べています。

　私はこの矛盾をどう考えればよいのか大変悩みましたが、祖父の書いた『満洲物語』では満洲事変について国際連盟は「日本側の代表が、口をつくして、満洲事変は、支那側の攻撃に対する自衛のためである事を説明しても、どうしてもこれを理解しようとせず、遂に十三票対一票で、日本の提議を除けて対日撤兵案なるものを成立させてしまいました。」としており、真実を知らなかったことがわかります。

日本では一般的に太平洋戦争終結まで、柳条湖事件は張学良の東北軍による破壊工作と信じられていました。

いずれにしても、祖父が大連にいた頃の満洲は、日本の軍隊の力により守られた勢力圏内は近代化が進み目を見張る発展を遂げていましたが、一歩圏外に踏み込めば張作霖などの軍閥が割拠し人民を苦しめていました。

もし、日本が満洲から手を引いたとすれば、満洲は元の軍閥割拠の状態に戻ることは必定であり、日本の努力によりせっかく発展してきた満洲を手放すことは、祖父としても認められるものではなかったでしょう。

祖父にとっては、関東軍は侵略軍ではなく満洲人民の解放軍として認識されていたと思われます。

祖父がどの時点まで「軍部の思想は言う迄もなく天皇政治」を信じていたのかはわかりませんが、祖父がこの「政党政治より国民政治へ」を書いた翌年の昭和10年、軍部の台頭とともに起こった国体明徴運動によって、それまで国家公認の憲法解釈だった美濃部達吉などの天皇機関説は、国体に反するとして攻撃を受け始めることとなります。

この天皇機関説とは、主権の主体は国家であるとし、君主である天皇は国家の機関としてその主権の行使に関与する者に過ぎないことを主張する学説ですが、天皇・皇位そのものに主権が帰属すると考える天皇主権説と憲法学説を二分していました。

天皇機関説は、発展しつつある政党政治状況を背景に議院内閣制を基礎づける理論として優勢となっていました。

ところが政党政治に対する批判の高まる中で、昭和10年2月、第六十七回議会において貴族院の菊池武夫は「天皇機関説は、緩慢なる謀反になり、明らかなる反逆になる」として、それを放置する政府を追及しました。

政友会・帝国在郷軍人会・右翼団体などの激しい政府攻撃により、当時の岡田内閣は「天皇が統治権の主体であることを明示し、日本が天皇の統治する国家である」とする国体明徴に関する政府声明を発することとなりました。

このことによって従来の自由主義的な思想にもとづく政治運営がその根拠を失い、結果的に軍部による独裁政治へと歩みを進めることとなりました。

祖父自身は、国体明徴運動については直接論評していませんが、この間も政党政治を激しく批判することによって間接的に政府声明を促す結果となりました。

祖父は、軍部が天皇や国民を裏切ることなどありえないと信じて疑わなかったようですが、この後の10年間終戦に至るまでに軍部が何をしたか知っている後世の私には、何とも残念な出来事でした。

第３章　『大日』誌での外交政策批判

袁世凱死後の中国は軍閥割拠の状況が続いていましたが、昭和元年７月孫文の後継者を自負する蒋介石は、国民革命軍を組織し、革命拠点である広東から全国統一を目指す北伐を開始しました。

途中地方軍閥を駆逐しながら北上を続け、昭和２年南京に入城した蒋介石は、南京に国民政府を樹立しました。

破竹の勢いで進む国民革命軍は昭和３年６月北京に入城を果たし北伐は完遂しました。しかし、国内には反抗する地方軍閥が残存し、共産党も勢力を拡大しており内戦状態は継続していました。

アメリカは、この当時中国に対しては、商業上の機会均等を求めるとともに、関係各国に対し中国の領土的・行政的保全を求めており、植民地政策を推し進めるヨーロッパ諸国や日本とは一線を画していました。

一方、イギリスなどのヨーロッパ諸国は、日本と同様に植民地化を進めていながらも、北からの圧力を強める日本に対し、国民政府の抗日運動を支援し、その矛先を日本に集中させることにより、自国の利権を保全しようとしていました。

このような情勢のなかで日中関係は、昭和6年柳条湖事件に始まった満洲事変が、昭和8年5月に河北省塘沽(タンクー)において日本軍と中国軍間に停戦協定(塘沽協定)が成立し、一旦安定の方向に向かっていました。

その後、国民政府側は満洲国の存在を黙認する姿勢を取り、日本軍との直接対決を避けたい蔣介石は、軍事目標を中国共産党圧迫に向けるとともに、排日運動を取り締まり日中国交の正常化を呼びかけました。

しかし、この関係は長続きせず、昭和10年6月にはいくつかの排日行為を理由として日本軍は河北省から中央軍を追い出して北平・天津を実質的に非武装化してしまいました。

さらに、同年11月国民政府がイギリスの支援により幣制改革を断行して華北経済の中央従属が進行する情勢が見られると、関東軍の主導による華北自治工作が行われ、河北省に冀東防共自治委員会(きとうぼうきょうじちいいんかい)が設立されました。

祖父は、昭和11年1月号の「北支自治と日本の対支政策」で、この冀東防共自治委員会設立をもとに蔣介石の南京政府を次のように批判しています。

「香州に端を発した北支那の農民自治運動は、殷汝耕の停戦区域自治宣言となり、冀東防共自治委員会なるものが組織されて、通州に仮政府が打立てられ、名実共に独立政府の面目を調整しようとしている。」「北支五省が斯くの如き形勢に立ち至ったのは、云う迄もなく南京政府の搾取政治の致すところで、突如発表せられたる銀国有幣制改革は、この勢いに拍車を掛ける結果となった。」ところが南京政府は「北支の自治運動が日一日とその機運を進むるを見るや、四川方面の共匪と暗に妥協し、之をして漸次北支方面に進出せしめ、我国との衝突を余儀なからしめ、その間、農民自治運動を指導する北支実力派を牽制して、一挙両得、一石二鳥の策に出でんとしたのである。」

「此の機に乗じて、南京政府内における英米派の策動は、又しても露骨に反日抗満的となり、親日派の巨頭と称せられる汪兆銘の狙撃事件を始めとし、上海の我が水兵射殺事件、日本商店の襲撃、日本婦女子に対する暴行事件等が矢継早に起こった。云う迄もなく此等の事件は無意味に突発したのではない。北支問題に関連して排日の策動に一派の連携があったからだ。親日を標榜し、邦交敦睦令の趣旨を全国に徹底せしめ、東洋平和の確立に邁進する、という蒋介石の声明は、彼が従来保持し来れる一面親日、一面抵抗の二重政策的二段膏薬であって、何等確乎たる政策に依ったものではない。」

「北支問題に対する我国の具体的対策としては、排日の絶滅、北支不良分子の一掃、赤化共同防衛、新通貨政策の樹立等である。此等の諸問題に対して、南京政府が真に理解を有し、自ら進んで日支提携の実を挙ぐるならば、北支問題は自然に解決される。」

「北支の日満支提携は、如何なる点より見るも緊急事であって、これが達成は南京政府それ自身のためにも大なる利益と云はなければならない。北支問題の解決は、引いて全面的の日支提携となり、そして東洋平和確立の一要素たるのである。」
「我国は支那の領土保全を、主一目的とし東洋平和のために日支親善と日支の共存共栄を眼目としている。支那が覚醒して極東安定の勢力となることは、恒に我国の希望して已まない所であるが、支那の政治家は少しも此点に留意せず、世界の大勢にも通ぜず、日本の政策の真意を理解せずして、事々に我が政策に反対し、そして欧米依存主義に駛りたるため、遂に今日の如き情勢となったのである。」

以上のように祖父は、南京の蒋介石政府が抗日・欧米依存に向きつつあることを批判しています。

アジア主義者としては、日本と中国が協力して「アジア諸国を欧米の植民地支配から解放するのだ」という日本の意図をなぜ理解しないのかとの憤りを論じています。

しかしながら、祖父は、冀東防共自治委員会設立が関東軍の工作によるものとは知らなかったと思われますので、「我国は支那の領土保全を、主一目的とし東洋平和のために日支親善と日支の共存共栄を眼目としている」と信じているようですが、日本軍の行動は明らかに侵略であり、ここにアジア主義者の誤算があったと言えます。

祖父が天皇の軍隊と信頼する日本軍は、昭和12年7月の盧溝橋事件をきっかけに泥沼の日中戦争へと突入していきました。

蒋介石は、遂に抗日に態度を固め中国共産党との抗日民族統一戦線（第二次国共合作）を構築し、終戦まで日本軍と対峙しました。

祖父は、盧溝橋事件勃発直後に発行された昭和12年９月号の「蒋政権打倒ある而已」で、「蒋政権を打倒せよ」「蒋政権の存在は、東洋平和の障害であり、支那国民の敵でもあるのだ」として徹底抗戦を主張しています。

続く、昭和12年10月号の「支那の政権共は反省する乎」では、

蘇聯（引用者注：ソ連）と支那とが不可侵条約を締結し、事変中俄かにこれを発表した真意が那辺にあるかは、暫らく問はぬとして、蘇聯が支那を支持し、軍需品を供給し、軍事指導者を送りつつあることは考へられる。現に支那の共産軍中には、有力なる蘇聯の軍事顧問が介入し、それが指揮命令に当っている事実がある。名は支那共産軍であっても事実は蘇聯におけるコミンテルンの一部隊に過ぎない。支那の赤化は、最早や隠れもない事実として現れてきた。

として国共合作によるソ連の介入を危惧しています。

さらに、昭和12年12月号の「蘇聯と英国と日獨伊防共協定」では、

「日支事変の根源が蘇聯の赤化政策にあることは、最早隠れもない事実である。」
「蘇聯は西安事件を契機として、抗日人民戦線の共同動作に鞏固なる陣営を固め、武器の供給に、戦闘員の送付に、あらゆる内面的工作を続け、不侵略条約に力強い声援を支那に與へ、種々の機関を動員して、支那の援助に乗り出している。」
「三国防共協定（引用者注：日独伊防共協定）は従来に嘗て見なかった新外交政策である。ありきたりの攻守同盟条約の類ではない。況や利権擁護の利欲的条約ではない。思想対策を根底とした真の平和条約である。相共に蘇聯に対する防共を主眼としているが、何国と雖もその参加を拒んでは居らず、信念を共にし、所見を一にし、世界平和のために敢然立って闘はんとするものは、何国と雖もこれに参加することが許容されている。（中略）人類の福祉と世界平和とその生命を共にするのが此の協定だ。」

この日独伊防共協定は、日本の国際的孤立を避けようとする意図で「防共」を掲げ、各国に協定締結を働きかけましたが、結局はイギリス・オランダに拒絶され、昭和12年にイタリアが

昭和10年締結の日独防共協定に参加することで締結されました。

日中戦争が始まって以降、祖父の関心はソ連の北からの圧力に強く向けられています。

そして、昭和13年9月号の「蘇聯の醜態を見よ」でも、昭和13年7月の張鼓峰事件についてソ連の脅威を指摘しています。

張鼓峰事件では、満ソ両国が自国の領土と主張していた張鼓峰頂上をソ連が突如占拠し、陣地を構築したため、日ソ両国の間に激しい戦闘が行われました。日本軍はソ連の機械化部隊に敗北し、８月停戦協定を締結しましたが、事実上日本はソ連の主張する国境を認めることとなりました。

祖父は、この張鼓峰事件について次のように述べています。

蘇聯が赤化政策の野望を放棄しない限り、又何等かの形を執って、第二、第三の張鼓峰事件は発生する。露支間に締結された愛琿条約と云ひ、北京条約と云ひ、国境問題に関するもののみにても、一つとして破棄されないものは無いからだ。条約なるものは、一定期間の気休めに過ぎない。其間更らに蘇聯は、侵略の新策動を考究するであらう。満蘇国境が断じて侵されない為めには、十分なる防備と、何時にてもこれを反撃し得る兵力を必要とする。

として、ソ連の脅威とソ連に対する国境防備・兵力増強を主張しています。

残念ながら祖父のこの声は軍部に届くことなく、関東軍は充分な防備を怠り、又、日本軍はいたずらに戦線を拡大し、昭和20年8月8日のソ連による日ソ中立条約破棄・対日宣戦布告、翌9日の満洲侵攻という事態に陥ります。

祖父は、この昭和13年9月号の「蘇聯の醜態を見よ」を最後に『大日』誌への投稿を止めています。

なぜ投稿を止めたのかはわかりませんが、この後日本は、ソ連を仮想敵とする北進論から転じて、昭和15年ドイツの電撃戦に敗れたフランス・オランダ、孤立するイギリスを相手にインドシナ半島、南洋諸島にいたるまで進撃する南進論に舵をきりました。

大東亜共栄圏構想は、日本を中心とする東亜諸民族の共存共栄体制の樹立を建前としていましたが、実態は日本のアジア支配を正当化したものでした。

南進論が強まる中で、大東亜共栄圏構想はインド・オセアニアにいたるまで拡大されました。

祖父が『大日』誌において批判し続けた政党は、この時期、自主的に解党して無政党状態になっていましたが、昭和15年10月大政翼賛会に集約されることとなりました。

祖父は、永年批判し続けた政党が解党したこと、日本軍の矛先が専門外の南方諸国に移っていったことなどから『大日』誌への執筆を止めたものと考えられます。

したがって、南進論や大東亜共栄圏構想、更に日米開戦についてどのような意見を持っていたかは、何の記録もないのでわかりません。

しかし、振り返ってみると祖父の外交政策に対する主張は、その根底に満洲の近代化・発展の推進があることに私は気付きました。

満洲を脅かすソ連への防備や、満洲の主権を主張する中国に対する徹底抗戦の考えは、全て満洲国の真の独立・発展に向けた祖父の思いだということがわかります。

実はまだ紹介していませんが、祖父は『大日』において満洲国経営に関する意見具申の記事を5回掲載しています。「在満機関の陸軍改組案」「満洲国の建設と産業及び文化」「満鉄新総裁と満鉄の今後」等ですが、かなり具体的に細部まで踏み込んだ内容となっています。

もしかすると祖父にとっては、アジア主義も国粋主義も関係なく、満洲に対する思いを『大日』で述べていたのかもしれないと思われます。

祖父は、この後政治的発言は一切せず、満洲国発展のための講演活動を精力的に行っていくこととなります。

五族協和の王道楽土

第5部

第1章　新満洲の諸相

祖父は、満洲を含めた中国の民衆を『大日』誌の昭和13年1月号「落日的蒋政権と昇日的新政権」の中で次のように分析しています。

「無智の儘に放任され、農土の上に硬直させられ、飢饉や洪水に曝され、殆んど獣類以下の生活にも甘んぜねばならなかった、支那農民大衆を思へば、眞に涙なきに非ずである。何等かの変革が起されなければならないことは当然である。純朴にして勤勉、それは支那農民の姿で、自分は在満十五箇年の間に能くその姿を見て知っている。支那の国民性の利己的なのも、多年の虐政がさうさせたのであり、政治的に無関心なのも、等しく虐政の結果である。匪賊はその私生児であり、阿片はその逃避所であって、日常生活にその片影を見ないものはない。」

「支那は複雑な国で、支那民衆といっても、言語、風俗、習慣を異にし、支那人には種々なる支那人あることを忘れてはならない。地域は広大であって、漢、満、蒙、回、西、苗、蛋と種族も多種多様である。階級的に見ても、貧富の懸隔甚だしく、少数の富豪階級は豪奢な生活をなし、中産階級が少なく、民衆の大部分は貧民階級である。農村も僅かに三ブロの大地主が全土の半分を有して居り、小農の八割まではその日暮らしである。」

「支那民衆には勝れたものが唯一つある。それは自治精神だ。これも苛政の結果で、自然さうならなければならなかったのだが、此点は確かに発達している。郷党相依る連鎖は実に固い。殆んど先天的とも見られる位である。」

祖父は大連での生活の中で、中国民衆の虐政による苦しみを強く感じ、金子雪斎と出会うことによって、その救済を強く意識するようになったと思われます。

満洲国の実態は、関東軍や日本の官僚による実質的支配であったことは否定できませんが、在満民間人や満鉄職員などの知識人の中には満洲国建国の理念である「王道楽土」「五族協和」を実践しようと活動した人々が居り、地方自治（県公署）の中に入り活動していたことも事実です。

祖父は、このような人々と同じ志で内地において満洲国の宣伝活動を行っていたと思われます。

「王道楽土」とは、西洋の「覇道」（武による統治）ではなく東洋の「王道」（徳による統治）によってアジア的理想国家「楽土」を造るということです。

「五族協和」の五族とは、日本人・満洲人・漢人・朝鮮人・蒙古人を言いますが、日本人が指導的立場に立った協和というのが実態であったようです。

私は満洲国の実態を学ぶため早稲田大学エクステンションセンターのオープンカレッジで、小林英夫早稲田大学名誉教授による「日本の満洲移民と満洲国」「満洲国の虚構と実像」という講座を受講しました。

「王道楽土」「五族協和」を実践しようと活動した人々が居ることも、この講座の中で知ることが出来ました。

また、小林教授によれば昭和12年は満洲国開発にとってターニングポイントとなる年であるとのことでした。

この年から満洲移民が本格化し、それまでの試験移民期から本格移民期へ移行したとのことでした。

この年、日本政府は20カ年で１００万戸を満洲全土に移民させる計画を発表しました。

同時にこの年「満洲産業開発５カ年計画」により満洲を重工業地帯にする計画が実施されたそうです。

昭和12年以降、祖父の『大日』への投稿は激減し、翌年には投稿を止めていることから考えると、日本による満洲国開発が本格化したことが祖父の満洲国宣伝活動（講演活動）の活発化に大きく影響していると思われます。

また、祖父は、この前年の昭和11年5月から約4カ月間にわたり全満洲への視察旅行を行っています。

その報告は、「新満洲の諸相」と題して『大日』の昭和12年5月号に掲載されています。

私は、この『大日』昭和12年5月号をインターネットで偶然見つけ手に入れましたが、祖父の投稿記事が出ているのに驚きました。

国会図書館のデータでは、「新満洲の諸相」の筆者名が四村誠三郎と誤入力されているためサーチできなかったものですが、現物を偶然手に入れることが出来たことには運命的な出会いを感じます。

「新満洲の諸相」では、書き出しに「自分は昨年五月下旬東京を出発して、約四ケ月間、全満に亙って、行程にして一万八千キロ、六十余りの都市に立寄って視察をして来た。その範囲は東部一帯、北満、蒙古、熱河、山海関、南満一帯に及んでいる」とあるように全満洲を視察し、その実情をレポートし課題を抽出しています。

いつもの『大日』での評論文と異なり、ジャーナリストとしての祖父の真骨頂を発揮した内容になっています。

第2節で祖父は、小林教授も教えてくれた「満洲産業開発5カ年計画」について、次のように財界の消極的態度を批判しています。

「総経費十五億円で、重工業から、農業、牧畜、林業、交通治水、土木の諸部門にまで及ぼうとするのである。勿論これは満洲としてはその一部にしか過ぎない。あの広い地積にこの位のものではほんの一部だ。第二次、第三次計画が次々に立てられることは云うまでもない。」

「満洲国はまだ創建時代に属する国だ。満洲国の産業はまだ何処も開発されていないと云うのが当たっている。都市建設や、満鉄を通して放資された鉄道建設や、傍系会社の事業があるけれども、満洲全体にはまだまだ及んでいない。民間投資も多少はあるが、主として都市に集中している。農村その他は捨てられているのだ。」

「満洲の農業はまだ原始的な粗農の範囲を脱していない。肥料を用いず、殆んど野生に等しい栽培をやっているに過ぎず、多角型の経営法などは考えてもいない。畜産の如きも全然幼稚だ。」

として更なる投資の必要性を訴えていますが、

「日満経済ブロックの聲は高いが、計画中に属するものが多いので、まだまだそれ程に進展していない。日本の金融資本が憶却なばかりでなく、財閥も国策的にはなかなか動こうとしない。」

としています。

次に第3節では、やはり小林教授も指摘していた「100万戸移民計画」について、現地の状況を視察した上で、次のように受け入れ態勢の整備を訴えています。

「もう一つ、軍の骨折ろうとするものに、集団移民問題がある。百万戸、五百万人移民だ。十年計画で経費二十億円だ。一戸当たり二十町歩、内十町歩が牧畜用、八町歩が畠地、二町歩が田地だ。これに要する面積は二千万町歩だが、これは主として、北安以北の黒土地帯に入れるものだ。」

「旧関東廳が関東州に愛川村を作って農民移住を行ってから、既に二十数年になるが、愛川村が失敗し、その他の移民も失敗し、満洲の日本農民移住は駄目だと世評が高まり、当時北満にまで進出するものは無かった。」「南満は北満に比較して非常に地味が悪い。今度北安以北を見るに及んで、余りにその土地が肥沃なのに驚いた。」「何れにするも、農業移民は可能性を十分に有するものだ。」

「唯茲に大いに留意しなければならない事は此等移民の安定策だ。十分なる設備と十分なる慰安機関を要する。移民を島流しのような目に合わせることはいけない。唯移民しろ、唯働けでは、決して移民し得ない。移民してもきっと失敗する。それは過去の経験がよく物語っている。内地の生活よりも遥かに優秀な生活を営み得るのでなければ、決して移民地は発達するものでない。」

第４節では、朝鮮からの移民問題について、そのあまりに大量な進出に警鐘を鳴らし、無秩序な移住を警戒しています。

邦農がまだ掛声ばかりで、余り進出しないうちに、彼等は新日本人という名において、斯くまでに進出したのだ。来る日も、来る日も毎日車窓に、降り立つ市街に、白衣の彼等の姿を発見した自分は、間島に入るに及んで、全然朝鮮も同様な感を抱いた。

第５節では、「匪賊討伐」問題については、軍の努力により匪賊の活動範囲が段々と狭められていることを報告しています。

第６節では、満洲における「国防婦人会」の活躍について実例を挙げて高く評価しています。

第７節では、「鉄路愛護村」の発展状況をレポートし、鉄道・道路整備の重要性を次のように述べています。

「国鉄を挟む両側五キロ以内が愛護地帯と定められているのだそうだが、愛路精神というのは、極力普及に努めている。始め満人は鉄道に対して好感を持っていなかった。荷馬車輸送や舟運に依って、おぼつかないながらも、特産物の運送に当っていたので、その反対はその生業を奪われるとでも考えた結果らしい。迷信ではないが、其の反抗心のため、列車の運転妨害さえやった。だがそれは彼等の全然誤まれる考えから行ったもので、現在では鉄道の利便と有難味を十分に感謝している。愛護村の数も、二千四百に達し、居住民も五百万に上っている。

この外にまだ乗合自動車路線の愛護村もあって、これを加えると、約三千二百、六百万近くになる。」

「総局が愛路を宣伝するには、深い意味がある。満洲は元来道路の無いことを以って有名な處だ。人間が僅かに踏み固めた道路や、飢水した河原を自然の道路にして居たが、殆んど交通の道路らしい道路は存在しなかった。冬季結氷すれば、至る處が道路であり、夏季は全然道路が無いと云っても過言でない。文化と道路の関係、それは云うまでもない事で、鉄路はまた唯一の文化供給機関だ。満洲国が成立するに及んで、先ず第一に建設しなければならないものは、鉄道であり、道路である。」

第8節では、「ソ連との国境線問題」について次のように警鐘を鳴らしています。

「満洲に対して彼れは何にを画策しようとしているのである乎。北鉄譲渡をやって、一時その勢力を後退せしめたかに見えた彼は、極東に益々軍備を充実しつつあるではない乎。必要以上に大軍を集注し、国境線に無数のトーチカを建設し、重工業を盛んに起こすのみならず、現在のアムール鉄道以北にバム鉄道を敷設しつつあるではない乎。共産匪を使嗾して満洲国内を恒に攪乱しつつあることも事実だ。国境線の越境、不法射撃、満洲国人の拉致と、問題は既に数百件に達している。」「率直に云って、蘇聯は内蒙古や北満を自己の勢力下に置かんとしつつあるのではなかろう乎。」「蘇聯が東洋に野心を捨てない限り、決して安寧ではなり得ない。」

実際に、この記事が載った翌年の昭和13年７月に前述の張鼓峰事件が発生し、祖父も再度注意喚起を促す記事を書いています。

第９節は、８節に関連して「白系ロシア人」について、その実情をレポートしています。

第10節では「蒙古民族の問題」を詳しく解説したうえで、次のように結論付けています。

外蒙でも蘇聯は自己の政策に都合の善い事のみを行っている。蒙古人に必要な基本産業は、甚だ衰退しているのみか、善良なる民は続々放逐されている。西比利亜に編入されているブリヤート蒙古なども、その厭制に堪え兼ねて、一部は内蒙古に移住した程だ。此の如くにして蒙古民族約三百万は、四分五裂の情態になっているが、之れはどうしても、我が国の力で統一しなければならない将来の大問題だ。北支問題もこれに大なる関係があるのだ。

最後に第11節でまだ十分に調査も行われていない熱河の開発について言及したうえで、「満洲国の現在を一口に云うならば、総てのことがやっと緒に着いたという段階にある。これを光輝あらしめると、あらしめないとは、我国民に科された大なる使命でもあれば、又大なる試練でもある。自分はこの使命の達せられることを疑いはしない。躍進日本の溌溂たる姿を到る処に見て大いに愉快な旅行を続けたのである。」と結んでいます。

この旅行で祖父は、自分の今後進むべき道を見つけたと思われます。

祖父は、昭和11年この旅行から帰国後の秋から満洲を紹介する講演一千回を思い立ち、『満洲物語』を出版する昭和17年までに六百回以上の講演を学校その他で行っていました。

第2章　満洲物語

昭和15年日本は南進論に舵をきり、大東亜共栄圏構想のもと、前線は満洲の遥か南のインドシナ半島・インドネシア・フィリピン等に移っていきます。

昭和16年４月には日ソ中立条約を締結し、日ソ間の相互不可侵と第三国との交戦に対する中立を約すとともに、満洲国の領土保全と相互不可侵を約しました。

この結果、満洲は南方に移った前線のはるか後方にあって兵站基地の役割を担うこととなり、昭和16年12月日米開戦により更にその役割が重くなりました。

私がこの章を書き始めたまさにその日の小林英夫教授の授業は、「日中・太平洋戦争と安全地帯・満洲」というテーマでのお話でした。

この授業によれば満洲は、①無敵関東軍のイメージが浸透、②表面上の治安安定、③日ソ中立条約の締結、以上３点によって安全地帯としてのイメージが昭和20年８月８日のソ連対日参戦の瞬間まであったとのことでした。

日本国内でアメリカ軍の空襲により焼け出された人々が、満洲に避難してくるほどに安全地帯としてのイメージが定着していたそうです。

そして、満洲国には、日本の戦時緊急需要にこたえるため、農業は食糧の基地として、工業は中間材の供給基地として生産目標達成を求められていったとのことでした。

そんな状況で祖父の書いた『満洲物語』は、昭和17年1月に神田の照林堂書店から出版されています。

この『満洲物語』は、かなり売れたようで、今でも時々インターネットショップに出品があり、だいたい一万五千円くらいで取引されています。

その序文で、前満鉄理事長の國澤新兵衛氏は、次のように紹介しています。

西村君は、渡満後三十五年間、満洲に幾多の事業をなしたるのみならず、満洲の紹介、宣伝に熱誠を盡して止まず、半生を一貫してこれに従事している。然かも事に当るや身を挺して敢て意とせず、到底他人の真似し得べからざるものが存するのである。本書は行文また平易、満洲の優秀性を説いて、他人にも興味を持って理解させんとするものであり、極めて適切にして、凡ゆる方面の希望に応ふるもの、至極結構なものと言はなければならない。従って本書が、国民一般のためにも、最も良き手引たることを信ずるものである。

また、『東京日日新聞』編集顧問の黒田乙吉氏は、次のように紹介しています。

「満洲物語」の一巻は、極めて平易に、極めて情熱ふかく、滋味ゆたかな読物であって、読者を知らず識らず「満洲」に親ましめねばおかないであらう。日満不可分の関係において、満洲がわが国民一般にいよいよ知られ、親しみをもたれねばならぬ今日、私は本書のひろく読まれんことをお薦めし度い。

そして、満鉄東京鮮満支案内所長の岡田瀋榮氏は、次のように紹介しています。

「満洲物語」は氏の体験と、この秘蔵する夥多の資料を巧に取捨選択し、又考証精緻にして、論理の透通に加ふるに、氏独特の軽妙なる筆を自由に揮はれて居る。よってともすれば乾燥無味なる紹介記事を興味津々巻を措く能はざらしむるのである。本書の如きは唯座右の参考資料たるのみならず、旅行者の伴侶としても、恰好の名誉であって西村氏の如き、多年の経験と豊かなる薀蓄とを兼ね有する者にしてはじめて企及し得るものと云ふも決して溢美ではあるまい。

三氏共に指摘している通り、『満洲物語』は極めて読みやすい文章で書かれており、満洲独特の気候・地理・風土など興味を引かれる記述がちりばめられているので、二百二十五ページを一気に読み進むことができます。

『大日』に投稿していた評論文とは全く異なる軽妙な文章で、永い文筆生活のキャリアを感じる作品になっています。

しかも内容は、極めて精緻であり穀物の取れ高、鉱物の埋蔵量、漁獲量、民族別の人口、地域別の気温など全て詳細に調査し数値を明示して紹介しています。

また、満洲の歴史についても正確に把握し紹介しています。

祖父は、この『満洲物語』の冒頭で広い平野を次のように表現しています。

「満洲は本当に良い所です。一度行ったものならきっと好きになります。百三十万平方キロ、日本内地の倍もあるのですが、一口に倍と云っても、それはそれは広いものです。行っても行っても尽きない荒野、それが夏は、一面に蒼々とした畠になり、冬は見渡す限りの枯野原です。

大連の駅から、満鉄の列車に乗って、北へ北へと進んで行きますと、奉天辺りまでは、東側に、低いながらも山地が見えますが、鐵嶺を過ぎ、新京まで来ますと、もう周囲に山らしい山は見えません。大地も海のように、うねりを打っています。哈爾濱まで来ると、全然平野の真中に出たと云う感じです。

哈爾濱は、全満のやや中心に当たる所で、地平線が、ぐるっと円形に見えます。大連から約一千キロ、その間にトンネルが一つも無いのですから、何と素晴らしいではありませんか。

トンネルと云へば、哈爾濱から先もまだまだ容易に出会いません。斉斉哈爾近くの昂昂渓も過ぎて大興安嶺の麓に指しかかって、有名な興安嶺の大トンネルに出合うまでは、全く平野の中を走って行くのです。

高粱や大豆の実る頃、秋の真赤な夕日が、畠の中に這入って行くのは、本当に見られる光景です。」


祖父の満洲に対する愛情が感じられる文章だと思います。

そして、「周囲の山脈」「凹字形の地形」「悠々たる河川」「少ない湖沼」「南北の分水嶺」と、地理的な満洲の特徴を紹介しています。


第二章では満洲の四季について次のように解説しています。

「満洲の四季は、日本内地のそれと違って、非常に不公平に出来ています。春夏秋冬、何れも平均したような期間になっているのでは無くて、冬が大体に於て半年から八か月、夏が二か月半、後の一か月半が、春と秋と云う譯で、そのうちにも春は短いのです。」

としながら、「短い春」「暑くない夏」「澄んだ秋」と紹介し、「長い冬」については、その厳しさを解説しつつも、

「所が一つ、満洲では、どうしても冬が寒くなければ困る事があるのです。それは農家にとってですが、田舎には、完全な道路らしい道路が少ないので、折角秋になって収穫した作物も、これを運び出す事が出来ません。それで早く冬が来て、大地の凍るのを待つ事になります。大地が凍れば、何處も此處も堅い道路になって、自然に良い道が開かれると云うことになります。そうなれば、もう農家はしめたものです。」

と寒さの恩恵も指摘しています。

第三章では「満洲の住民」として、「土着の満洲人」「漢民族の進出」「朝鮮人の移住」「蒙古人の生活」「敗退の露西亜人」「少数民族の異風」と民族ごとに満洲における歴史から現在にいたるまでの状況を解説しています。

そして、「日本人の躍進」と題して、日本人と満洲のかかわりを、奈良朝時代の渤海国との交渉から歴史を詳しく解説したうえで、満洲国における日本人の役割を次のように述べています。

「満洲に於ける日本人は、満洲事変前の日本人とは違います。満洲建国の大役目を負担している計りか、各民族の指導者としての責任も果たさなければなりません。日本人の活躍如何に依って、満洲は善くも悪くもなります。それ丈日本人の責任は大きいのです。」

「日本人の活躍する範囲、それは無論広いのです。凡ゆる方面に亘っていると云って差支え無いのです。満洲に移住すると云うと、直に農業開拓民の事を考えるのですが、それも重大な事でありますけれど、農業開拓民丈では決してありません。商業でも、工業でも、鉄道方面でも、官吏でも医師でも、教員でも、あらゆる方面が開かれているのです。各人各様の技能に応じて、新しい人を求めて居ります。」

「詰り日本人の活躍範囲は、特種の技能を持つものと云うことになるのです。そうして指導的立場に在るものでなければならない事になります。満洲に行こうとする人は、此事をよく考えて置かねばなりません。」

第四章では「満洲国の出来るまで」として、日清・日露戦争から満洲事変、満洲国建国に至る経緯を解説しています。

第五章では「新しい政治」と題して、満洲国の建国精神を次のように解説しています。

「満洲国では、それで先ず建国精神と云うものを定めました。建国精神は、国を治める基本の原則として、王道政治に依る事にしたのであります。」

「満洲国で順天安民と云い、五族協和と云い、王道楽土と云うのも、皆この建国精神を指して云うのであります。東洋道徳の高き理想を込めて、民意を開き、種族の調和を計り、飢えるものの無き、天地を開こうと云うのであります。凡ゆる民族にも、等しく恩恵を垂れ、住み善い所としようとするのがその理想なのであります。」

第六章では、「豊かな農業」「畜産天国」「尽きない林業」「河魚の多い水産」「力強い鉱産」と豊富な資源について具体的な数字を挙げて紹介しています。

第七章では「面目一新の工業」「革新された商業」「金融機関の改正」「貿易の躍進」と成長する経済の状況について具体的に解説しています。

第八章では「偉大なる満鉄」と題して、満鉄の重要性・発展状況を解説し、最後に第九章で「国策開拓民」の開拓状況を報告しています。

この『満洲物語』は、祖父の永年の研究による満洲国に対する深く広い知識を証明しており、テレビの発達した現代であれば、満洲事情に詳しいコメンテーターとして活躍していたでしょう。

実際に祖父は、ＮＨＫのラジオ放送にも出演していたと、母から聞いたことがあります。

しかし、『満洲物語』に書かれた満洲国は、五族協和の王道楽土建設を目標としているのに対し、日本は、太平洋戦争遂行の為の兵站基地化を進めていくこととなってしまいました。

また、祖父がこの『満洲物語』を出版した昭和17年1月の僅か半年後の6月に日本海軍は、ミッドウェー海戦でアメリカ海軍に大敗し、太平洋戦争敗戦へと転がり落ち始めます。

大本営は、このミッドウェー海戦大敗の事実を隠蔽しました。

昭和18年10月には、東條英機内閣転覆を図った中野正剛が、憲兵隊の取り調べを受けた直後に謎の割腹自殺を遂げています。

祖父が『満洲物語』を出版した後、どのくらい講演活動を続けていたかはわかりませんが、昭和19年頃には体調を崩し引きこもりがちの状態であったと思われます。

私の父は、この頃、祖父の紹介で入った毎日新聞社でアルバイトをしながら学費を稼ぎ、上智大学に通っていましたが、昭和18年の学徒出陣で出征し幹部候補生試験を受けて少尉に任官していました。

尉官の特権で缶詰などの一般に手に入らない食料をお土産に祖父を訪ねると、すっかり憔悴した祖父がとても喜んでくれたとよく話していました。

昭和19年10月には、アジア主義者の巨頭で大日社の社師であった頭山満が89年の生涯を閉じています。

その翌月の昭和19年11月24日に東京は初めてアメリカ軍による空襲を受けます。東京は以後100回以上の空襲を受けることとなりますが、昭和20年3月10日の東京大空襲では深川・本所・浅草など下町を中心に10万人以上の死者が出ました。

この東京大空襲に次ぐ規模の空襲（山の手大空襲）を昭和20年5月25日、祖父が暮らす品川区も含めた広い範囲で受け、3000人を超える死者が出ています。

祖父は、この山の手大空襲の最中に品川の自宅で62年の生涯を閉じています。

空襲で亡くなったとは聞いていませんので、空襲による大混乱の中で、満洲国の崩壊も日本の無条件降伏も見ることなく、失意のうちに衰弱死したものと思われます。

おわりに

祖父は、裕福な商家に生まれながら自ら商人になることを嫌い、文筆で生きる人生を選びました。

日露戦争に補充兵として召集され死を覚悟し、菊島濤蔭の名で自費出版した『鎧袖録』はある程度の評判を得ることができ、書くことの面白さを知りました。

そんな時、漱石が『ホトトギス』に発表した「吾輩は猫である」や「坊ちゃん」を読んで感動し、自分も小説家になりたいと思い『ホトトギス』に西村濤蔭の名で多くの短編小説を投稿します。

初めて書いた長編小説「糸桜」を持って漱石を訪ねたことをきっかけに、漱石宅を頻繁に訪問し、早稲田大学に通う学生の身ながら、いつの間にか漱石の弟子の仲間に入ってしまいます。

祖父は、資産家の養子となってなに不自由のない生活を送っていましたが、養家の事情により離縁されると一気に窮迫し、書生として漱石宅に妹のお梅さんと共に住み込みます。

そんな祖父を漱石も維新以後に生まれた新人類と見ながら、ついつい面倒を見てしまいます。

この間の経緯は、漱石の日記や書簡からその言葉により知ることが出来ました。

祖父が若いころにはどのような人であったのか、あたかも漱石に語ってもらっているような感覚でした。

祖父の青春期は、『鎧袖録』を自費出版したり、漱石の弟子になってしまったりと行動力に富んだ生き方をしています。

漱石の弟子は東京帝大出の優秀な先輩たちですが、祖父は全く臆することなく存在感を示しています。

また、漱石の家に勝手に自分の好きな絵を飾ったり、漱石の作品の正誤表を勝手に作って漱石に示したり、お嬢様のピアノ教師の書いた評論文を勝手に書き替えてしまったり、漱石の紹介で入った満洲日日新聞ではいきなり小説を連載したりと、やりたい放題の弟子でしたが、なんとなく愛嬌があって憎めないところがあります
そんな祖父を漱石は怒ることもなく、むしろ優しい心で包み込みながらかばい続けてくれました。

さすがに妹のお梅さんの行く末について、祖父が押し付けてきたときは少し腹を立てたようですが、それでも奥様と二人で一生懸命にお梅さんを嫁がせてくれました。

私は、この研究で祖父の人柄を知ると同時に、文豪としての夏目漱石ではなく、人間味あふれる夏目金之助の姿を知ることが出来ました。

祖父は、漱石の紹介で大連に職を得ることとなりますが、小説家としての道はあきらめるこ

とになります。

この時の祖父の心情を、永井荷風からの書簡により察することが出来たことは驚きでした。

この大連で祖父は、金子雪斎という人物に出会うことにより、以後の人生を大きく変えることになります。

祖父は、満洲に住む人々の軍閥による搾取に苦しむ姿を目の当たりにし、彼らを教育により救おうとしている雪斎翁の行動に共感します。

大連子供館の館長として生活の安定した祖父は、西村濤蔭の名で『何物かを語らん』を出版し、4カ月に及ぶ渡米も経験しますが、この安定した生活をあっさりと捨てて東京に戻ってしまいます。


東京に戻った祖父は、満洲事変・満洲国建国と満洲の情勢が大きく変化すると、アジア主義者の巨頭である頭山満を社師とする大日社の『大日』に西村誠三郎の名で多くの評論文を投稿します。

祖父の思想の根底には、常に弱者に寄り添う姿勢がありました。

初めて書いた『鎧袖録』では日露戦争で廃兵となった人たちのために、待遇法の制定、廃兵院の設立等を訴えました。

『大日』では、軍閥の搾取に苦しむ満洲の民衆に寄り添い軍閥や南京政府を批判し、国内では政党の無策に苦しむ農民に寄り添い政党政治を激しく批判しました。

そして、満洲移民に対してはその受け入れ態勢の充実とソ連軍に対する軍備強化を訴えました。

また祖父は、並行して満洲を紹介する講演活動を積極的に行うと同時に、西村誠三郎の名で『満洲物語』を出版し、国民に満洲についての正確な情報を発信します。

祖父は、五族協和の王道楽土「満洲国」を建設することが満洲民衆の幸福につながると信じ、文筆活動・講演活動を意欲的に行いました。


生涯、目標に向かって一生懸命に突き進む祖父の行動力と強固な信念は、尊敬に値すると私は思います。

祖父は持ち前の行動力で、文豪夏目漱石、子規の後継者高浜虚子、近代児童文学の祖巌谷小波、振東社金子雪斎、アジア主義者の巨頭頭山満といった当代一流の人物の門をたたき、臆することなくその教えを受けています。

昭和に入り軍国主義の暗い影が日本を覆う中でも、祖父は前向きに持論を展開し、軍部の圧力を巧みにかわしながら言論人としての信念を貫きました。


私は、祖父の人生を研究するにあたって、常に心の片隅に一つの大きな懸念がありました。

それは、祖父が満洲宣伝協会長の肩書で書いた『満洲物語』の存在です。

先の大戦で満洲に取り残された満洲移民の多くの方々が、ソ連軍の参戦によって大変な思いをされたことは、残留日本人孤児の皆様が肉親と再会するニュース映像によって知ることが出来ました。

また、当時山崎豊子さんの『大地の子』をテレビで観て、原作を読みもして、その苦難については想像を絶するものがあることを知りました。

祖父が『満洲物語』を執筆し講演活動を行ったことは、結果的に満洲移民を国策に乗って奨励することとなってしまいました。

このことが、祖父の人生を研究するにあたって、常に私に対して後ろめたさをあたえていました。

しかし、この時代の背景を研究するに従って、当時の日本人が満洲について描くイメージは、日本最強の関東軍に守られた最も安全な地域であったということが分かってきました。

また、祖父は金子雪斎に出会って以降、満洲に暮らす人々の幸福を願い「五族協和の王道楽土」を建設するという信念に基づき行動してきた心に偽りはなかったと思います。

祖父は、祖父なりに強い信念を持って一生懸命に生きてきたと私は思えるようになりました。

ただ、満洲国は関東軍の謀略により建国された日本の傀儡国家であり、満洲国の存在は関東軍の武力によって成り立っていたにもかかわらず、その関東軍がソ連軍の侵攻に対してほとんど無抵抗に在満邦人を見捨てたことにこの問題の本質があります。

祖父はこの関東軍を含む昭和の日本軍について完全に見誤った判断をしていました。『大日』では「軍部の思想は言う迄もなく天皇政治」として軍部が天皇や国民を裏切ることはないと信じ、「日本には領土的野心はない」と再三主張していました。

祖父の思う日本軍は、最後まで日露戦争に勝った当時の日本軍であったと思われます。祖父は21歳の時、日露戦争に召集され、死を覚悟して記した『鎧袖録』で日本軍を徹底的に研究し、その優秀性を認識していました。

ところが昭和の日本軍は、日露戦争に勝った日本軍とは全く異なるものとなっていました。山の手大空襲でB29の爆撃が自身の近くに迫ってくる中で、ほとんどの日本人がそうであったように、祖父はこの事に気付いたのではないでしょうか。

あとがき

私は、38年間勤めた会社を60歳で定年退職し第二の人生を模索していた時、祖父の研究を始めて既に3年が経ちました。

祖父の書き残した出版物を求めて国会図書館に通い、多くの情報を書籍・雑誌・新聞等から得ることにより、会った事のない祖父と活き活きとした会話をすることが出来ました。

国会図書館はデジタル化がとても進んでいて、古い作品であれば家のパソコンで閲覧が出来るようになっていてとても便利です。

直接国会図書館に行けば、書籍・雑誌・新聞等なんでもパソコンで閲覧ができ、必要なページをコピーすることもできます。

係の皆さんはとても親切で、まるでアミューズメントパークに来たようなわくわく感があります。

祖父が小説家を目指していたころの文学界の実情や夏目漱石のことを知るために、早稲田大学エクステンションセンターの主催するオープンカレッジの関係講座を多数受講し、多くの知識を得ることが出来ました。

特に中島国彦早稲田大学名誉教授他による「漱石文学の世界（漱石と8人の弟子）」「近代文藝の百年（大正6年の文学）」という講座は、それぞれ8回コースで行われ当時の文学界の様子が十分に理解できる素晴らしい内容でした。

更に、近代日本の思想や満洲国の実像など祖父の書いたものを理解するために必要な知識を、このオープンカレッジの関係講座を受講することにより得ることが出来ました。

日本近代史家佐藤能丸先生の「近代日本の思想と文化」という講座では陸羯南・三宅雪嶺などの思想を知ることが出来ました。

大日方純夫早稲田大学教授の「日本の近代史（日露戦後～第一次世界大戦の時代を読む）」では、当時の外国の新聞論説を読みながら日本が世界からどのように見られていたのかを解説していただきました。

そして本文でも紹介した小林英夫早稲田大学名誉教授の「日本の満洲移民と満洲国」「満洲国の虚像と実像」では祖父の思想を紐解く重要な手掛かりをいただくことが出来ました。どの先生も皆さん周到な準備で、有効な資料により丁寧な解説をしていただきとても感謝しています。

このオープンカレッジには既に5年通っていますが、目的を持って受講するととても有意義で充実した時間を過ごすことが出来ます。

そして何より早稲田大学に学生として通うことは、何やら若返ったようで楽しいひと時です。

現役時代の私の休日というと疲れ果てていて、だらしない姿しか見ていない家族にとっては、定年後も365日休日状態の私を想像し戦々恐々としていましたが、いそいそと大学や図書館に通う私の姿を見て安堵していたようです。

このような研究生活も第二の人生の生き方の一つとして参考となれば幸いです。

私はこの研究調査が進むにつれて、この結果を一冊の本にまとめたいと思うようになりました。

これには西村誠三郎の末息子である私の父の影響が大きくありました。

私の父は、上智大学在学中に学徒出陣で出征しましたが、復員後大学を卒業すると祖父の紹介でアルバイトをしていた毎日新聞社に記者として入社しました。

父が若いころ「新聞記者は絶対に間違った記事を書いてはいけない。誤報によって会社が倒産することだってあるのだ」と子供の私を諭すように話していたことを思い出します。

父は、真実を正確に報道することが、新聞記者の使命であるといつも語っていました。

父は親分肌で大酒のみの典型的な古いタイプの新聞記者でした。

沼津・盛岡・福島の支局長をしていましたが、当時は支局の最上階に支局長住宅があって家族はそこに住んでいました。

事件が起きて記者の皆さんが出払ってしまうと、中学生の私も電話番をしたりしました。

支局員の皆さんはよく支社長住宅に上がってきて母の手料理で酒盛りをしていましたが、父はその中心にあって記者の皆さんの天下国家を論じる姿を見て、楽しそうにお酒を飲んでいました。

父の葬儀には後輩記者のかたがたも参列いただき、往時の父の武勇伝を沢山語っていただきました。

父は支局長時代、ある若い記者さんには特定のテーマを決めて毎週シリーズで記事を書くように指導したそうです。

かなり厳しい指導で記事を書かせたようですが、このシリーズで掲載した記事をまとめて一冊の本として出版するまで面倒を見たとのことでした。

定年後は体調を崩しすっかり元気のなくなった父しか知らない私の息子たちは、記者の皆さんのこのような話を聞いて、遅ればせながら父のことを見直していました。

私が大学受験のころ父は福島支局長をしていましたが、酔っぱらうと「息子がだれも俺の後を継いでくれない」と嘆いていました。ところが結局、兄はメーカーに私は金融機関に就職し、二人とも普通のサラリーマンになってしまいました。

今回、祖父の人生を研究してジャーナリストとしての血を感じ、父に受け継がれたものを私の代で切ってしまったことに若干の後悔を感じました。

学生時代に祖父の研究をしていたら、私の人生も変わっていたのかもしれません。

私は、祖父から父に引き継がれたジャーナリストの血筋を切ってしまったお詫びのしるしとして、3年間の研究の成果を一冊の本にまとめようと決心しました。

一部が書き終わるごとに妻に読んでもらい、意見を聞きながら書き進めていきましたが、妻はそのたびに「とても面白い」と言ってくれ、私に自信を与えてくれました。

特に「漱石とのからみの前半より満洲に関する後半の方が感動した」と言ってくれた言葉には、私の方が感動してしまいました。

息子たちやお嫁さんもそれぞれのキャリアから様々な意見を言うことで参加してもらい、この本を書き上げることが出来ました。


私は、第二の人生の生き方の一つとして、このような研究・出版という行動も面白いなと思い、国会図書館やオープンカレッジの利用の仕方等、あえて具体的に書き進めることを心がけました。

次は、このノウハウを活かしファミリーヒストリーではなく、あまり研究している人のいない金子雪斎翁について研究してみたいと思っています。

【参考文献・資料一覧】

〈書籍〉

西村誠三郎『満洲物語』照林堂書店、1942
夏目鏡子／松岡譲筆録『漱石の思ひ出』角川書店、1966
黒川創『国境（完全版）』河出書房新社、2013
菊島濤蔭『鎧袖録』服部書店、1904
一ノ瀬俊也『近代日本の徴兵制と社会』吉川弘文館、2004
司馬遼太郎『坂の上の雲』文藝春秋、1978
夏目金之助『漱石全集（第20巻　日記・断片　下）』岩波書店、1996
夏目金之助『漱石全集（第23巻　書簡　中）』岩波書店、1996
永井荷風『荷風全集（第7巻）』岩波書店、2009
中島国彦・長島裕子編『漱石の愛した絵はがき』岩波書店、2016
藤井淑禎編『漱石紀行文集』岩波書店、2016
夏目漱石『私の個人主義』講談社、1978
西村濤蔭『何物かを語らん』文英堂書店、1914
中野正剛『魂を吐く』金星堂、1938

中野泰雄『政治家中野正剛』新光閣書店、1971
金子雪斎『雪斎遺稿』振東学社、1933
田原総一朗『なぜ日本は「大東亜戦争」を戦ったのか』PHP研究所、2011
パール・バック／新居格訳『大地（全4巻）』新潮社、1953
ユン・チアン／土屋京子訳『ワイルド・スワン（上・下）』講談社、2007
杉原荘介他編『日本史の基礎知識』有斐閣、1974
橋川文三他編『近代日本思想史の基礎知識』有斐閣、1971

〈雑誌記事・学術論文〉

菊島濤蔭「家庭雑感（上・下）」『衛生新報』1905年2月号
西村濤蔭「佛様」『ホトトギス』1907年4月号
西村濤蔭「ごみ箱」『ホトトギス』1907年7月号
西村濤蔭「京の月」『ホトトギス』1908年4月号
西村濤蔭「職工」『ホトトギス』1908年12月号
西村濤蔭「寂寞」『家庭雑誌』1908年12月号
西村濤蔭「顔」『ホトトギス』1909年1月号
西村濤蔭「虚」『満洲日日新聞』1909年11月21日〜12月14日
中京大学文化科学研究所児童文化研究グループ「愛知の児童文化」
鳴海濤蔭「壮快極まる筏旅行」『少年世界』1909年7月号

社説「『大日』創刊の辞」『大日』1931年2月号
西村誠三郎「政黨解消論」『大日』1933年7月号
西村誠三郎「外交刷新論」『大日』1933年9月号
西村誠三郎「妥協政治排撃論」『大日』1933年10月号
西村誠三郎「政黨政治より國民政治へ」『大日』1934年3月号
西村誠三郎「辭職せよ齋藤內閣」『大日』1934年3月号
西村誠三郎「惰氣滿々の政局を詛ふ」『大日』1934年6月号
西村誠三郎「米國の非現實的對支觀」『大日』1934年6月号
西村誠三郎「在滿機關の陸軍改組案」『大日』1934年9月号
西村誠三郎「岡田內閣の政治工作」『大日』1934年9月号
西村誠三郎「在滿機關改革案を評す」『大日』1934年10月号
西村誠三郎「藤井財政の二元的錯誤」『大日』1934年10月号
西村誠三郎「重ねて在滿機關問題を論ず」『大日』1934年11月号
西村誠三郎「議會後の政局は如何」『大日』1934年12月号
西村誠三郎「既成政黨と噂のある新政黨」『大日』1935年2月号
西村誠三郎「國策審議會を中心として」『大日』1935年6月号
西村誠三郎「滿洲國の建設と產業及び文化」『大日』1935年9月号
西村誠三郎「滿鐵新總裁と滿鐵の今後」『大日』1935年10月号
西村誠三郎「暗雲低迷裡の政界」『大日』1935年11月号

西村誠三郎「教育刷新評議會に就いて」『大日』1935年12月号
西村誠三郎「北支自治と日本の對支政策」『大日』1936年1月号
西村誠三郎「頻起せる事件と廣田內閣」『大日』1936年4月号
西村誠三郎「特別議會と政府及び政黨」『大日』1936年6月号
西村誠三郎「特別議會の情勢と收穫」『大日』1936年6月号
西村濤蔭「平戸紀行」『大日』1936年6月号
西村誠三郎「新満洲の諸相」『大日』1937年5月号
西村誠三郎「蔣政權打倒ある而已」『大日』1937年9月号
西村誠三郎「支那の政權共は反省する乎」『大日』1937年10月号
西村誠三郎「對支外交を積極化せよ」『大日』1937年11月号
西村誠三郎「蘇聯と英國と日獨伊防共協定」『大日』1937年12月号
西村誠三郎「落日的蔣政權と昇日的新政權」『大日』1938年1月号
西村誠三郎「北支經濟開發と鐵道政策」『大日』1938年2月号
西村誠三郎「蘇聯の醜態を見よ」『大日』1938年9月号
西村濤蔭「雪斎先生の死」『新天地』1925年10月号
夏目漱石「韓満所感」『満洲日日新聞』1909年11月5日・6日
吉田遼人「泉鏡花『みさごの鮨』の射程」明治大学文学部・文学研究科、2011年
志賀重昂「「日本人」が懐抱する処の旨義を告白す」『日本人』1888年第2号

西村　甲午（にしむら　こうご）

1954年東京都生まれ。1976年に東北大学経済学部卒業後、安田生命保険相互会社入社。個人保険の営業部門、事務管理部門を経て、2014年定年退職。定年退職を機に研究・執筆活動を開始。

漱石の愛弟子が描く満洲物語
— 西村濤蔭伝 —

2020年4月7日　初版第1刷発行

著　　者　西村甲午
発 行 者　中田典昭
発 行 所　東京図書出版
発行発売　株式会社 リフレ出版
〒113-0021　東京都文京区本駒込 3-10-4
電話 (03)3823-9171　FAX 0120-41-8080
印　　刷　株式会社 ブレイン

ISBN978-4-86641-307-5 C0023
Printed in Japan 2020
落丁・乱丁はお取替えいたします。

ご意見、ご感想をお寄せ下さい。
［宛先］〒113-0021　東京都文京区本駒込 3-10-4
東京図書出版